KB023742

중고등학생을 위한

# 표준 한국어

의사소통 3

중고등학생을 위한

# 표준 한국어

국립국어원 기획·심혜령 외 집필

의사소통 3

마리북스

# 발간사

　다문화가정 학생 수는 매년 증가하여 2018년 12만여 명에 이릅니다. 그런데 중도입국자녀나 외국인 가정 자녀와 같은 다문화 학생들은 학령기 학생에게 기대되는 한국어 능력 수준에 이르지 못하는 경우가 많습니다. 이는 다문화 학생이 교과 학습 능력을 갖추지 못하거나 또래 집단 문화에 적응하지 못하는 결과로 이어지고, 결국 한국 사회에 안정적으로 정착하는 데 어려움을 겪는 주요한 원인이 됩니다. 따라서 다문화 학생을 위한 교육 지원은 보다 전문적이고 체계적으로 이루어져야 합니다.

　학령기 한국어 학습자를 위한 정부 지원은 교육부에서 2012년에 '한국어 교육과정'을 개발하여 고시하였고, 국립국어원에서 교육과정을 반영한 학교급별 교재를 개발하면서 본격적으로 이루어졌습니다. 그 후 '한국어 교육과정'이 개정·고시(교육부 고시 제2017-131호)되었습니다. 이에 국립국어원에서는 2017년부터 개정된 교육과정에 따라 한국어 교재를 개발하고 있으며, 그 첫 번째 결과물로 초등학교 교재 11권, 중고등학교 교재 6권을 출판하게 되었습니다. 교사용 지도서는 별도로 출판은 하지 않지만 국립국어원 한국어교수학습샘터에 게시해 현장 교사들이 무료로 이용할 수 있게 하였습니다.

　이번 교재 개발에는 언어학 및 교육학 전문가가 집필자로 참여하여 한국어 교육의 전문적 내용을 쉽고 친근하게 구성하기 위해 노력하였습니다. 특히 이 교재는 언어 능력 향상뿐만 아니라 서로 다른 문화를 이해하여, 한국 사회 구성원으로서 정체성을 확립하는 데 도움이 되도록 개발하였습니다.

　아무쪼록 《표준 한국어》 교재가 다문화가정 학생들이 한국어를 쉽고 재미있게 배워서 한국 사회에서 자신의 꿈을 키워나가는 데 도움을 줄 수 있기를 바랍니다.

　끝으로 이 교재의 개발을 위해 최선의 노력을 기울여 주신 교재 개발진과 출판사에 깊은 감사의 말씀을 드립니다.

2019년 2월
국립국어원장 소강춘

# 머리말

최근 우리 사회는 본질적이고도 구체적인 국제화, 다문화 시대를 맞이하고 있습니다. 국제결혼, 근로 이민, 장단기 유학, 나아가 전향적 방향에서의 재외 동포 교류, 새터민 유입 등의 여러 가지 요인에 의해 지금까지의 민족 공동체, 문화 공동체, 국가 공동체의 개념을 뛰어 넘는 한반도 공동체의 시대를 살아가게 된 것입니다.

이 한반도 공동체 시대에 다양한 기반의 공동체 구성원들이 다 함께 행복하기 위해서는 사회가 보다 정의롭고 공정해야 하는데, 이를 위한 사회적 행동의 출발은 교육, 그중에서도 한국어 교육이라고 말할 수 있습니다. 특히 다문화 배경의 학령기 청소년, 이른바 KSL 학습자들의 경우, 이들 역시 우리 사회의 미래 주역이라는 점에서 우리 사회의 건강한 미래를 위해서는 이들 모두가 순조롭게 정착하고 공정하게 경쟁하여 발전할 수 있도록 의사소통 능력과 학업 이수를 위한 교육적 지원을 적극적으로 해 주어야 합니다. 이것이 바로 KSL 교육의 존재 이유이자 목표라 할 것입니다.

다행히 우리 사회는 이 부분에 있어 사회적 공감과 정책적 구체화에 일찌감치 눈을 떠 이미 2012년에 '한국어 교육과정'을 마련하였고 그에 따라 한국어(KSL) 교육이 공교육 현장에서 시행되어 오고 있습니다. 그리고 몇 년간의 시행 끝에 보다 고도화되고 구체화된 교육과정이 2017년에 개정되었고 그 교육과정의 구체적 구현으로서의 교재가 새로이 개발되기에 이르렀습니다. 교과 내용 설계에 대한 이론적, 행정적 검토를 거쳐, 학교생활 기반의 의사소통 능력 강화를 위한 교육 내용과 학업 이수 능력 함양의 필수 도구가 되는 한국어 교육 내용을 확정하여 교재로 구현하게 된 것입니다.

이 교재는 몇 가지 점에서 특별한 의미를 가지고 있습니다. 우선 체제 면에서 획기적인 시도를 꾀하였습니다. 이미 학습자 중심의 자율 선택형 모듈화 교육이 전 세계적으로 주목받으며 새로운 교육 방법으로 자리 잡아 가고 있는 데에 발맞추어, 학습자와 교육 현장의 개별성에 맞게 활용할 수 있는 확장성과 활용성을 높인 '개별 교육 현장 적합형 모듈 교재'로 만들어 낸 것입니다.

또한 이 교재는 학령기 청소년 학습자를 대상으로 하는 교재라는 특성에 맞게 디지털 교육 방법론을 적극 수용하였습니다. 모바일 및 인터넷 환경이 충분히 구비된 현실에서 모바일에 익숙한 청소년들의 흥미를 도모하면서 동시에 종이 교재의 일차원적 한계를 극복하여 보다 입체적인 교육이 가능할 수 있도록 구성하였습니다. QR 코드를 적극 활용하여 공간을 초월한 입체적 확장을 꾀하면서 더 많은 정보를 선별적으로 받아들일 수 있도록 하였습니다. 또한 대화를 웹툰 형식의 동영상으로 구성하여 실제성과 재미를 더한 회화 교재 역할을 할 수 있도록 하였습니다.

이 교재는 개정 '한국어(KSL) 교육과정'에서 설정한 '의사소통 한국어'와 '학습 도구 한국어'를 구체화하여 교육 내용으로 구현하였다는 점에서 의미가 있습니다. 이제 앞으로 학령기의 청소년 한국어 학습자들이 이 교재를 좇아 학습함으로써 학교 안팎에서 의사소통하는 데에 필요한 한국어 능력을 단계적으로 익혀갈 수 있게 되었습니다. 또한 단계별 한국어 능력에 맞춘 학습 능력 강화를 돕는 '학습 도구 한국어'의 구체적 구현도 교재를 통해 이루어 냈습니다. 학업 이수에 핵심이 되는 학습 활동과 사고 기능, 학습 기능 등을 한국어 단계에 맞게 설정하여 학습 도구 한국어 교재 내용으로 구현함으로써, 한국어(KSL) 교육에서 학습 도구 한국어란 무엇인가를 교재를 통해 확인할 수 있게 되었습니다.

이렇듯 다문화 배경의 학령기 청소년이 공정하게 경쟁하며 꿈을 펼칠 수 있도록 학교 안에서 준비할 수 있는 기회를 주어야 한다는 인식 위에서 진행된 이번 교재 개발은, 여러 기관과 많은 관계자들의 지원과 노력이 없이는 불가능한 것이었습니다. 우선 이 새롭고 의미 있는 교재가 완성되기까지 지원을 아끼지 않으신 교육부와 국립국어원 관계자 여러분들께 깊이 감사드립니다. 또한 새 시대에 맞는 교재를 만들어 보자는 도전 의식과 책임감을 가지고 밤낮없이 연구하며 이 교재를 개발, 완성해 온 집필진 모두에게 진심에서 우러나오는 감사를 드립니다. 더불어 시대의 흐름과 청소년 학습자 선호도에 맞춘 편집과 그림 및 동영상으로 새 시대 교재의 획을 그어 주신 출판사 마리북스에도 감사의 말씀을 드립니다.

이 교재 집필진 및 관계자와 이 사회 구성원 모두의 지지와 염원이 담긴 본 교재가 다문화 배경을 가진 청소년들이 우리 공동체 속에서 동등하게 살아가며 자신의 꿈을 실현하는 데에 있어 중요한 역할을 할 수 있기를 희망합니다.

2019년 2월
저자 대표  심 혜 령

# 일러두기

## 소개

《중고등학생을 위한 표준 한국어》〈의사소통 3〉은 다문화 배경을 가진 청소년 학습자들이 일상생활과 학교생활에서 필요한 중급 수준의 한국어를 학습할 수 있도록 설계되었다. 중급 수준의 한국어 학습자가 꼭 알아야 하는 일상생활과 학교생활을 주제로 다룬 8개 단원으로 구성하였다.

## 구성

교재의 각 단원은 크게 '꼭 배워요' 영역과 '더 배워요' 영역으로 구분되어 있다.

'꼭 배워요'는 해당 등급과 주제에서 필수적으로 다루어야 하는 교육 내용으로 구성하였다. '꼭 배워요'는 '어휘를 배워요'와 '문법을 배워요'로 구성된다.

'더 배워요'는 '꼭 배워요'와 연계되어 해당 등급과 주제에서 선택적으로 다룰 수 있는 교육 내용으로 구성하였다. '더 배워요'는 '대화해 봐요'와 '읽고 써 봐요'로 구성된다.

'꼭 배워요'와 '더 배워요' 사이에는 '문화' 영역을 배치하여, 다문화 배경을 가진 청소년 학습자들의 한국 적응 및 학교생활 적응을 돕고자 하였다.

## 교재 활용 정보

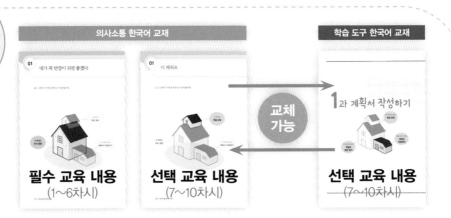

교재 사용의 순서나 방법의 예를 들자면 다음과 같다.

한국어 교과 운영을 위한 시간이 충분히 확보되어 있는 교육 현장의 경우는 〈의사소통〉 교재의 '꼭 배워요', '더 배워요'와 〈학습 도구〉 교재를 모두 차례대로 사용할 수 있다.

의사소통 능력의 신장이 시급한 교육 현장의 경우라면, 〈의사소통〉 교재의 '꼭 배워요'와 '더 배워요'를 우선적으로 다룬 뒤 〈학습 도구〉를 부가적으로 다룰 수 있다. 교과 학습이 강조되는 교육 현장이라면 〈의사소통〉의 '꼭 배워요'와 〈학습 도구〉를 조합하여 교육함으로써 한국어 학습 기간을 단축하면서도 교과 학습의 준비를 할 수 있도록 하는 것이 가능하다. 만약 학습자의 의사소통 능력이 일정한 정도 이상이라고 파악되는 경우라면 〈학습 도구〉 교재만으로도 수업을 진행하는 것이 가능하다.

## 단원의 구성

### 단원 도입

- '도입'에서는 단원 전체의 내용을 전망할 수 있도록 하였다.
- 단원의 제목은 '꼭 배워요'에서 제시된 문장 중 단원을 대표할 수 있는 것을 선정하여 제시하였다.
- '도입'에 그려진 '집'은 각 단원에서 구성하고 있는 교육 내용을 시각화한 것이다. 이를 통해 단원의 각 영역에서 무엇을 배우는지 확인할 수 있으며, 단원의 전체 구성 및 각 교육 영역의 성격 또한 파악할 수 있다.

### [꼭 배워요] 도입

- 단원의 '꼭 배워요'에서 구현하고자 하는 학습 목표와 어휘, 문법을 구체적으로 제시하였다.
- '꼭 배워요'의 학습을 도입하기 위한 대화문과 삽화를 제시하였다.
- 학습자가 단원의 주제와 목표를 학습하기 위해 필요한 배경지식을 자연스럽게 떠올릴 수 있는 질문을 제시하였다.

### [꼭 배워요] 어휘를 배워요

- '한국어 교육과정'에서 제시하고 있는 '의사소통 한국어'의 언어 재료를 중심으로, 국립국어원에서 발간된 연구 보고서인 '한국어 교육 어휘 내용'과 '국제 통용 한국어 표준 교육과정'에서 분류, 제시한 어휘 목록을 참고하여 각 단원의 등급 수준과 주제에 맞는 어휘를 선택하여 구성하였다.
- 제시해야 할 어휘들의 성격에 따라 다양한 방식으로 어휘를 제시하였다.
- 단원의 주제를 중심으로 선정된 주제 적합형 어휘는 삽화를 활용하여 제시하였으며, 해당 등급에서 요구되는 등급 적합형 어휘의 경우 어휘 상자를 배치하여 추가로 제시하였다.

**[꼭 배워요] 문법을 배워요**

· '한국어 교육과정'에서 제시
하고 있는 '의사소통 한국어'
의 '학령적합형 교육 문법'을
기본으로, 국립국어원의 '한
국어 교육 문법·표현 내용'
과 '국제 통용 한국어 표준
교육과정'의 문법 목록을 참
고하여 각 단원의 등급 수준
과 주제, 기능에 적합한 것을
선택하여 구성하였다.

· 목표 문법이 사용되는 가장
대표적인 장면을 삽화로 제
시하여 학습자들이 문법의
정보를 보다 쉽게 이해할 수
있도록 하였다.

· 국립국어원의 '한국어 기초 사전'의 정의를 기본으로 한 설명과 해당 문법의 용법을 가장 잘 보여 주는
용례를 제시하였으며, 문법의 형태 및 결합 정보도 함께 제시하였다.

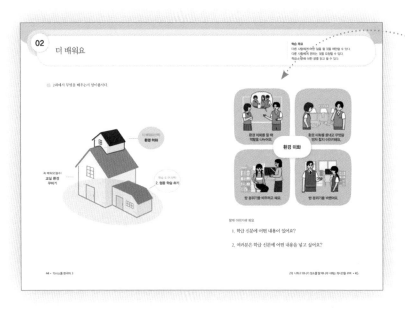

**[더 배워요] 도입**

· 단원의 '더 배워요'에서 구현하
고자 하는 학습 목표를 구체적
으로 제시하였다.

· '더 배워요'의 학습을 도입하기
위한 삽화와 주제어, 표현 등을
제시하였다.

· 학습자가 단원의 주제와 목표
를 학습하기 위해 필요한 배경
지식을 자연스럽게 떠올릴 수
있는 질문을 제시하였다.

## [더 배워요] 대화해 봐요

- '대화해 봐요'는 단원의 주제
  와 목표 문법, 언어 기능, 관
  련 맥락을 포괄한 문장들로
  구성하였다.
- '대화해 봐요'에는 '꼭 배워
  요'에서 확장된 추가 어휘 및
  표현이 등장한다.
- '대화해 봐요'는 말하기와 듣
  기가 통합된 교육 영역으로
  등장인물들이 대화하는 것
  을 듣고 따라 하며 말하기와
  듣기 능력을 모두 향상할 수
  있다.

- '대화해 봐요'의 교육 내용은
  전, 중, 후로 구성되어 있고, 목표 문형과 표현은 중 단계에 구현되어 있다. 중 단계는 만화로 제시된다.
- 전 단계와 후 단계는 중 단계의 전후 내용인데 듣기 형태로 제시된다. QR 코드를 통해 등장인물들이 대
  화하는 모습을 동영상으로 감상할 수 있다.
- 등장인물들의 대화를 듣고 내용을 확인하는 문제와 새로 나온 문형과 표현을 연습할 수 있는 말하기 활
  동이 제시되어 있다.

## [더 배워요] 읽고 써 봐요

- '읽고 써 봐요'는 '대화해 봐
  요'의 장면에서 등장할 수 있
  는 문자 매체를 선정하여 교
  육 내용으로 구성하였다.
- '읽기'에서는 해당 장면에서
  등장할 수 있는 다양한 종류
  의 글 중 단원의 주제와 목표
  에 맞는 것을 선정하여 제시
  하고 그 글의 이해도를 확인
  하는 문제들을 함께 제시하
  였다.
- '쓰기'에서는 앞서 제시된 읽
  기의 글과 유사한 종류의 글

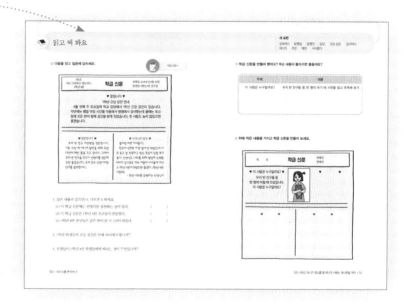

을 모방하여 써 보게 하거나 관련된 활동을 하도록 구성하였다.

# 중학교 등장인물

이름: 와니
출신: 필리핀
나이: 14세

이름: 안나
출신: 우즈베키스탄
나이: 14세

이름: 선영
출신: 한국
나이: 14세

이름: 영수
출신: 한국
나이: 14세

이름: 정호
출신: 중국
나이: 14세

이름: 호민
출신: 베트남
나이: 14세

이름: 김하나
출신: 한국
직업: 선생님

이름: 이진영
출신: 한국
직업: 선생님

# 고등학교 등장인물

이름: 민우
출신: 한국
나이: 17세

이름: 세인
출신: 우즈베키스탄
나이: 17세

이름: 수호
출신: 몽골
나이: 17세

이름: 나나
출신: 중국
나이: 17세

이름: 김지영
출신: 한국
직업: 선생님

이름: 이진수
출신: 한국
직업: 선생님

이름: 소연
출신: 한국
나이: 17세

이름: 유미
출신: 일본
나이: 17세

# 내용 구성표

● 의사소통 한국어 3

| 단원 | 제목 | 주제 | 꼭 배워요(필수) | | | 더 배워요(선택) | | | | |
|---|---|---|---|---|---|---|---|---|---|---|
| | | | 어휘 | 문법 | 기능 | 대화 | 부가 문법 | 읽기 | 쓰기 | 문화 |
| 1 | 네가 꼭 반장이 되면 좋겠다 | 의사 결정 | • 성격, 능력 관련 어휘<br>• 의사 결정 관련 어휘 | • −으면 좋겠다<br>• −기 위해서<br>• −어 보이다<br>• −는 편이다 | • 추천하기<br>• 주장하기 | • 반장 후보 추천하기<br>• 학급 회의에서 자신의 의견 주장하기 | • −어야지<br>• −다고 생각하다<br>• −어야겠− | 반장 선거 포스터 | 회장 선거 포스터 쓰기 | 한국의 선거 문화를 엿보다 |
| 2 | 나하고 와니가 청소를 할 테니까 너희는 게시판을 꾸며 | 환경 미화 | • 환경 미화 관련 어휘 | • −도록(목적)<br>• −을 테니(까)<br>• −는 대신에<br>• −어 놓다/두다 | • 제안하기<br>• 요청하기 | • 환경 미화를 위한 역할 분담 제안하기<br>• 방 분위기 전환을 위한 도움 요청하기 | • −을지<br>• −어 드리다 | 학급 신문 | 학급 신문 쓰기 | 한국의 집을 가보다 |
| 3 | 이번 과제를 하려면 자료가 많이 있어야 해 | 과제 | • 과제 관련 어휘 | • −잖아(요)<br>• −어 가다<br>• −으려면<br>• −어도 | • 계획하기<br>• 문제 해결하기 | • 조별 과제 계획하기<br>• 조별 과제를 위한 문제 해결하기 | • 이나<br>• −거든 | 백과사전 | 학교 소개 쓰기 | 한국 중고등학교의 수행 평가를 알아보다 |
| 4 | 정호는 공연장에 조금 늦게 도착한다고 해 | 또래 모임 | • 모임 관련 어휘<br>• 감정 관련 어휘 | • −자마자<br>• −고 말다<br>• −는다고<br>• −느냐고 | • 경험한 일에 대해 이야기하기<br>• 감정 표현하기 | • 봉사 활동 경험에 대해 이야기하기<br>• 영화 감상 후 감정 표현하기 | • −는구나<br>• −었었− | 수필 | 수필 쓰기 | 한국의 공동체를 만나다 |
| 5 | 저 책 정말 재미있나 보다 | 독서 | • 독서 관련 어휘 | • −나 보다<br>• −을 텐데<br>• −으라고<br>• −자고 | • 정보 교환하기<br>• 감상 표현하기 | • 독서 활동을 위한 정보 교환하기<br>• 독서 후 감상 표현하기 | • 이라도<br>• −는 바람에<br>• −은 결과 | 독서 감상문 | 독서 감상문 쓰기 | 한국의 도서관을 가보다 |

| | | | | | | | | | | |
|---|---|---|---|---|---|---|---|---|---|---|
| 6 | 파일을 다운로드하는 중이야 | 소통 | • 통신 관련 어휘 | • –고 나다<br>• –는 중이다<br>• –는다면<br>• –을 수밖에 없다 | • 정중하게 부탁하기<br>• 안내하기 | • 모바일 메신저를 통해 정중하게 부탁하기<br>• 온라인상에서 대화하는 방법 안내하기 | • –대<br>• –내 | 모집 안내문 | 인터넷 신문 기사 쓰기 | 한국의 통신 문화를 만나다 |
| 7 | 경치가 정말 멋지고 볼거리가 다양하거든 | 여행 | • 여행 관련 어휘 | • –어 가지고<br>• –어 오다<br>• –거든(요)<br>• –어 있다 | • 여행 정보 구하기<br>• 걱정하기 | • 수학여행 전 준비해야 할 것에 대해 이야기하기<br>• 수학여행 장소에 대한 정보 구하기 | • –으래<br>• –재 | 기행문 | 기행문 쓰기 | 한국 중고등학교의 교외 활동을 들여다보다 |
| 8 | 연습하는 만큼 실력이 늘고 있는 거지 | 생활 체육 | • 생활 체육 관련 어휘 | • 만 아니면<br>• –었더니<br>• –는 만큼<br>• –느라고 | • 변명하기<br>• 자랑하기 | • 약속 시간에 늦은 이유에 대해 변명하기<br>• 자신의 능력 자랑하기 | • –는 척하다<br>• –기는 | 체조 방법에 대한 글 | 체조 동작 묘사하여 쓰기 | 한국 중고등학교의 체육 대회를 가 보다 |

## 차 례

# 01 네가 꼭 반장이 되면 좋겠다

● 1과에서 무엇을 배우는지 알아봅시다.

더 배워요(선택)
**학급 회의**

꼭 배워요(필수)
**적합한 대안 찾기**

학습 도구(선택)
**1. 계획서 작성하기**

학습 목표
자신이 생각하는 좋은 방법을 추천할 수 있다.
자신의 생각을 주장할 수 있다.

어휘 성격 관련 어휘, 의사 결정 관련 어휘
문법 -으면 좋겠다, -기 위해서,
    -어 보이다, -는 편이다

① 유미야, 너는 어떤 사람이
  반장이 되면 좋겠어?

③ 나는 활발하고 재미있는
  친구가 반장이 되면 좋겠어.

② 공부도 잘하고 우리 반을 위해서
  최선을 다하는 사람이면 좋겠어.
  세인이 너는?

④ 아! 활발한 친구가
  반장이 되는 것도 좋겠다.

**함께 이야기해 봐요**

1. 어떤 사람이 반장이 되는 것이 좋을까요?

2. 반장이 되기 위해서 어떤 노력을 해야 할까요?

# 어휘를 배워요

● 반장으로 어떤 사람이 좋을까요?

● **학급 회의 시간에 친구들이 무엇을 할까요?**

단체, 소원, 습기, 절약,
최선, 응원하다,
이성, 자유롭다,
바라다, 밝다

# 문법을 배워요 1

① 호민아, 나 이번에 반장 선거에 나가 보려고.

② 정말? 넌 성실하고 리더십이 있어서 반장이 되면 정말 잘할 거야.

③ 고마워. 최선을 다해 볼게.

④ 선영이 네가 꼭 반장이 되면 좋겠다. 나도 열심히 응원할게.

축 반장

## −으면 좋겠다

−면 좋겠다

**말하는 사람의 소망이나 바람을 나타내거나 현실과 다르게 되기를 바라는 것을 나타내는 표현.**

이 문제는 학급 회의 때 결정하면 좋겠어.

제 생일날 예쁜 가방을 선물로 받으면 좋겠어요.

이제 비가 그만 내리면 좋겠어요.

● '−으면 좋겠다'를 사용하여 〈보기〉와 같이 이야기해 보세요.

〈보기〉
가: 정호야, 소원이 뭐야?
나: 우리 가족이 모두 <u>건강하면 좋겠어</u>. (우리 가족이 모두 건강하다)

(1) 이번 시험을 잘 보다

(2) 이성 친구가 생기다

여러분은 이번 학기에 바라는 일이 있어요? '−으면 좋겠다'를 사용하여 말해 보세요.

# 문법을 배워요 2

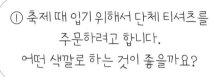

① 축제 때 입기 위해서 단체 티셔츠를
주문하려고 합니다.
어떤 색깔로 하는 것이 좋을까요?

② 저는 다른 반이 잘 입지 않는
색깔이 좋을 것 같습니다.
노란색 같은 거요.

③ 또 다른 의견은 없습니까? 자유롭게
의견을 말해 주시기 바랍니다.

## -기 위해서

**어떤 일을 하는 목적인 의도를 나타내는 표현.**

자전거를 사기 위해서 돈을 모아요.

물을 절약하기 위해서 양치질을 할 때 컵을 사용하는 것이 좋아요.

학급 회의를 하기 위해서 회의 시간을 정해요.

● '–기 위해서'를 사용하여 〈보기〉와 같이 문장을 완성해 보세요.

〈보기〉 성적을 올리기 위해서 예습과 복습을 열심히 했어요. (성적을 올리다)

(1) _____ 깜짝 파티를 준비했어요. (민우의 생일을 축하하다)
(2) _____ 운동을 해야 해요. (건강을 지키다)

여러분은 왜 공부를 해요? '–기 위해서'를 사용하여 말해 보세요.

# 문법을 배워요 3

① 단체 티셔츠가 왔어. 어때?

② 밝아 보여서 참 좋다.

③ 우리 그때 함께 의논해서 결정하길 잘했어.

## –어 보이다

–아 보이다, –여 보이다

**겉으로 볼 때 앞의 말이 나타내는 것처럼 느껴지거나 추측됨을 나타내는 표현.**

와니의 가방이 너무 무거워 보여요.

호민이가 조금 피곤해 보여요.

안나와 와니는 정말 사이가 좋아 보여.

● '–어 보이다'를 사용하여 〈보기〉와 같이 문장을 완성해 보세요.

> 〈보기〉　이 케이크 정말 <u>맛있어 보인다</u>. (맛있다)

(1) 머리를 자르니까 _____ . (단정하다)

(2) 청소를 해서 교실이 _____ . (넓다)

짝과 처음 만났을 때 짝이 어땠어요? '–어 보이다'를 사용하여 말해 보세요.

# 문법을 배워요 4

① 다음 학급 활동 시간에 무엇을 할 거예요? 함께 이야기해 봤어요?

② 네, 이야기해 봤는데요. 많은 친구들이 야외 체험 활동을 하고 싶어 했어요.

③ 우리 반 학생들은 교실 밖에서 체험하는 것을 좋아하는 편이네요. 그럼 그러기로 해요.

④ 네, 선생님.

(칠판) 학급 활동 시간에 하고 싶은 것

## −는 편이다

−ㄴ 편이다, −은 편이다

**어떤 사실을 단정적으로 말하기보다는 대체로 어떤 쪽에 가깝다거나 속한다고 말할 때 쓰는 표현.**

호민이는 한국어를 잘하는 편이에요.

정호는 우리 반 남자 학생들 중에서 키가 큰 편이에요.

소연이는 모든 일에 적극적인 편이에요.

● '−는 편이다'를 사용하여 〈보기〉와 같이 문장을 완성해 보세요.

〈보기〉   저는 주말에 영화를 자주 <u>보는 편이에요.</u> (보다)

(1) 독서를 좋아해서 도서관에 자주 _____ . (가다)

(2) 한국의 여름은 덥고 습기가 _____ . (많다)

여러분은 시간이 있을 때 주로 무엇을 해요? '−는 편이다'를 사용하여 말해 보세요.

# 한국의 선거 문화를 엿보다

¤ **한국에서는 어떻게 투표를 할까요?**

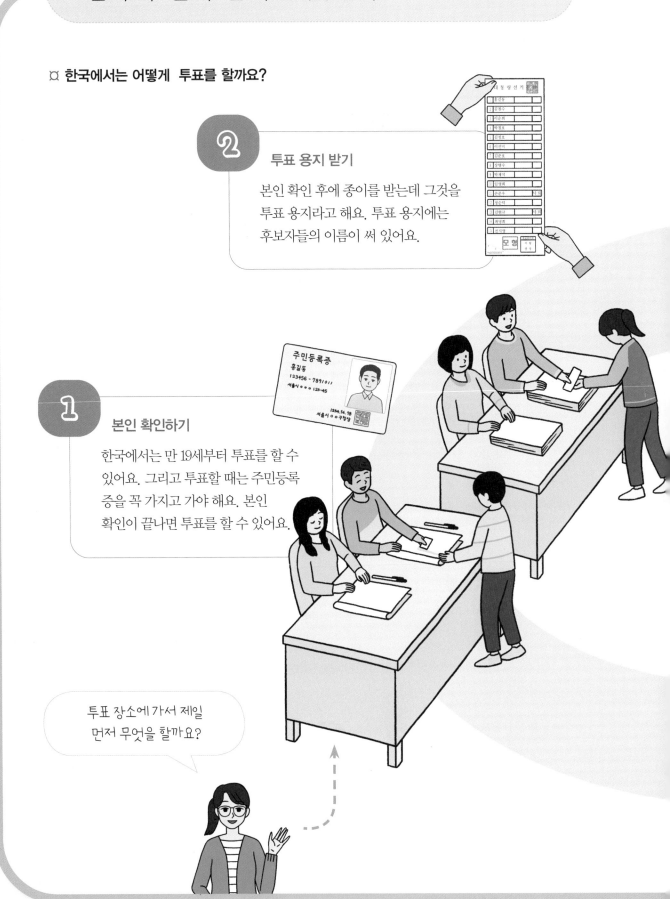

**2 투표 용지 받기**

본인 확인 후에 종이를 받는데 그것을 투표 용지라고 해요. 투표 용지에는 후보자들의 이름이 써 있어요.

**1 본인 확인하기**

한국에서는 만 19세부터 투표를 할 수 있어요. 그리고 투표할 때는 주민등록 증을 꼭 가지고 가야 해요. 본인 확인이 끝나면 투표를 할 수 있어요.

투표 장소에 가서 제일 먼저 무엇을 할까요?

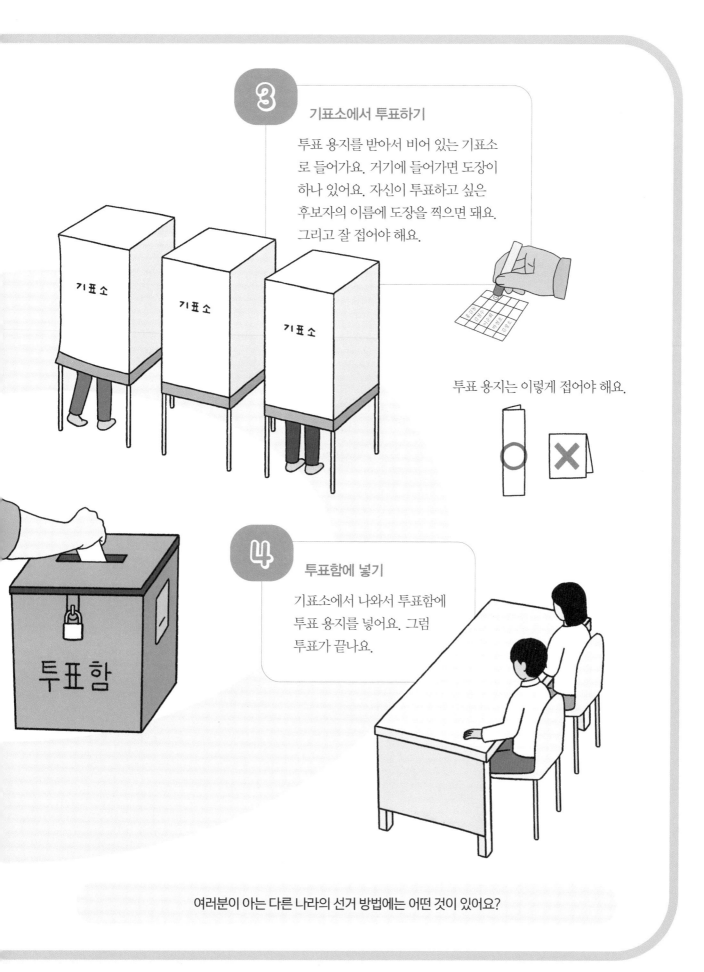

### 3 기표소에서 투표하기

투표 용지를 받아서 비어 있는 기표소로 들어가요. 거기에 들어가면 도장이 하나 있어요. 자신이 투표하고 싶은 후보자의 이름에 도장을 찍으면 돼요. 그리고 잘 접어야 해요.

투표 용지는 이렇게 접어야 해요.

### 4 투표함에 넣기

기표소에서 나와서 투표함에 투표 용지를 넣어요. 그럼 투표가 끝나요.

여러분이 아는 다른 나라의 선거 방법에는 어떤 것이 있어요?

# 01

더 배워요

◉ 1과에서 무엇을 배우는지 알아봅시다.

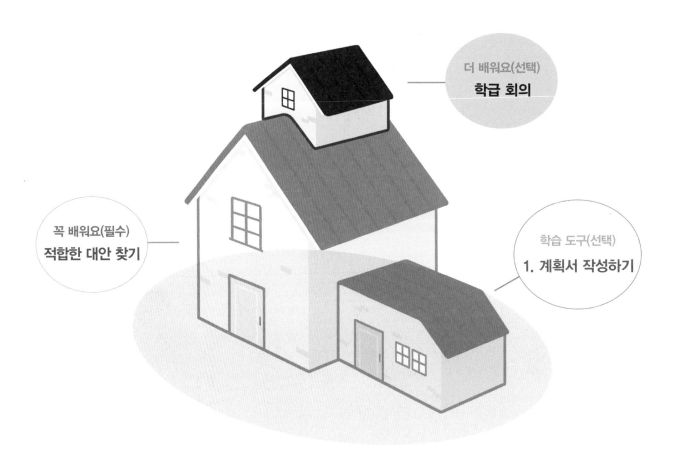

더 배워요(선택)
**학급 회의**

꼭 배워요(필수)
**적합한 대안 찾기**

학습 도구(선택)
**1. 계획서 작성하기**

다른 사람에게 자신이 생각하는 인물을 추천할 수 있다.
의사 결정 상황에서 자신의 의견을 주장할 수 있다.
반장 후보자의 글을 읽고 이해할 수 있다.
선거에서 약속하는 글을 쓸 수 있다.

반장을 추천해요.

조 모임할 장소를 정해요.

학급 회의

학급 회의를 해요.

축제에서 무엇을 할지 이야기해요.

함께 이야기해 봐요

1. 반장 후보는 친구들에게 무슨 약속을 할까요?

2. 여러분이 반장 후보라면 무엇을 약속할 거예요?

반장 후보를 언제까지 몇 명을 추천해야 할까요? ▨로 확인해 보세요.

 어떤 사람이 반장이 되면 좋을까요? 먼저 ▨로 확인해 보세요.

① 누구를 반장으로 추천하면 좋을까?
난 성실한 사람이 반장이 되면 좋겠는데.

② 그럼, 선영이 어때? 선영이가
성실하고 책임감도 강해 보여.

③ 아, 그래.
선영이가 있었지.

④ 그리고 선영이가 적극적이고
리더십이 있어서
우리 반을 잘 이끌 거야.

⑤ 그래? 그럼 난 선영이를
반장으로 추천해야지.

**질문에 답하세요.**

1. 내용과 같으면 ○, 다르면 ✕ 하세요.

   (1) 선영이는 적극적인 성격입니다. 　　　　　　　　　(　　　　)

   (2) 선영이는 우리 반을 잘 이끌었습니다. 　　　　　　(　　　　)

   (3) 남자와 여자가 반장으로 선영이를 추천하려고 합니다. 　(　　　　)

2. 여러분은 어떤 사람이 반장이 되면 좋을 것 같아요?

   ➡ ＿＿＿＿＿＿＿＿＿＿＿＿＿＿＿＿＿＿＿＿＿＿＿＿＿＿＿＿＿

 정호는 누구를 반장 후보로 추천했을까요?

▦로 확인해 보세요.

 전체 대화를 들어 보세요.

▨ **활용하기**

반 친구들이 모임 장소에 대해 이야기하고 있어요.

 : 이번에 조 모임 장소로 어디가 좋을까? 뭘 먹으면서 이야기를 할 수 있는 곳이면 좋겠는데.

 : 학교 앞 떡볶이집 어때? 맛집으로 꽤 유명한 편이야.

 : 아, 거기! 나도 인터넷에서 봤어. 떡볶이가 정말 맛있어 보였어.

 : 그리고 거기에서 떡볶이를 이 인분 이상 주문하면 음료수를 공짜로 줘.

 : 그래? 그럼, 이번 모임은 학교 앞 떡볶이집으로 결정해야지.

# 대화해 봐요 2

 우리 반은 장기 자랑에서 무엇을 하기로 했을까요? 🔲로 확인해 보세요.

 언제 어디에서 모여서 연습해요? 먼저 🔲로 확인해 보세요.

① 먼저 부를 노래부터 결정해야겠습니다.

② 인기 가요 여러 곡을 섞어서 부르는 게 어떨까요? 한 곡을 선택하는 것보다 이렇게 하는 것이 좋다고 생각합니다.

④ 우리 반 학생들이 다 같이 연습하기 위해 넓은 장소가 필요합니다. 무용실이 넓은 편이니까 거기로 하는 것이 좋겠습니다.

③ 좋은 생각이네요. 그럼 연습 장소는 어디로 할까요?

⑤ 그럼 그렇게 하는 걸로 정하겠습니다. 다음으로 연습 시간을 정하죠.

⑥ 친구들이 모이기 쉬운 점심시간과 저녁 시간을 이용하면 좋을 것 같습니다.

⑦ 네, 좋습니다.

**새 표현**

장기 자랑   발표하다   표   참여하다   나누다   곡   섞다
아쉽다   놓치다   다하다   만족하다   -다고 생각하다   -어야겠-

 **질문에 답하세요.**

1. 내용과 같으면 ○, 다르면 ✕ 하세요.

　(1) 여자는 반 친구들을 위해서 무용실을 빌렸습니다.　　　　　(　　　　)

　(2) 학급 회의에서 장기 자랑 때 부를 노래를 결정하고 있습니다.　(　　　　)

　(3) 반 친구들은 매일 점심시간과 저녁 시간에 모여서 연습했습니다.　(　　　　)

2. 여러분은 장기 자랑으로 무엇을 하고 싶어요?

　➡ _____

 장기 자랑이 끝난 후 반 친구들은 서로에게
어떤 말을 했을까요? ▨로 확인해 보세요.

 전체 대화를
들어 보세요.

**활용하기**

반 친구들이 축제에서 무엇을 할지 이야기하고 있어요.

 : 축제에서 우리 반도 다른 반처럼 카페를 열면 어떨까요?

 : 그렇게 다른 반하고 똑같이 하는 것보다 우리 반만의 특징을 보여 줄 수 있는 것이
좋다고 생각합니다.

 : 그럼 우리 반은 그림을 잘 그리는 친구가 많은 편이니까 축제에 온 사람들을
그려 주는 그림 카페를 하는 것이 좋겠습니다.

 : 네, 좋습니다. 그럼 지금부터 그림을 그리는 조와 음료를 만드는 조를 나눠 봅시다.

읽고 써 봐요

¤ **다음을 읽고 질문에 답하세요.**

홍보
포스터

반장 후보

---

**"1학년 2반 반장 후보 기호 1번"** 이름: 이민우

특징

– 초등학교 때 전교 회장을 했음.

– 중학교 1, 2, 3학년 계속 반장을 했음.

약속

▶모든 일을 먼저 나서서 하겠습니다.
– 어려운 일, 힘든 일을 남에게 미루지 않고 제가 먼저 하겠습니다.

▶즐거운 우리 반을 만들겠습니다.
– 우리 반 친구들의 우정을 위해서 정기 모임을 만들어 운영하겠습니다.

▶여러분의 의견을 잘 듣겠습니다.
– 다양한 의견을 듣기 위해서 노력하겠습니다.

▶규칙을 잘 지키는 우리 반을 만들겠습니다.
– 우리 학급만의 규칙을 만들어 모범적인 반을 만들겠습니다.

---

1. 읽은 내용과 같으면 ○, 다르면 ✕ 하세요.

　(1) 민우는 1학년 2반에 정기 모임을 만들고 싶어 한다. 　　　(　　　)

　(2) 민우는 중학교에 다닐 때 반장을 한 적이 있다. 　　　(　　　)

　(3) 민우는 학급 규칙을 없애고 싶어 한다. 　　　(　　　)

2. 민우는 어렵고 힘든 일이 있을 때 어떻게 할 겁니까?

3. 민우는 이것을 왜 만들었습니까?

**새 표현**
후보 기호 전교 나서다 남 미루다 즐겁다 우정
정기 운영하다 모범적 없애다 등교 틀다

¤ **여러분이 전교 회장이 된다면 친구들에게 무슨 약속을 할 거예요? 써 보세요.**

| 약속 | 이유 |
|---|---|
| 등교 시간에 최신 가요 들려주기 | 즐거운 등교 시간을 위해서 |
| | |

¤ **회장 선거에서 자신을 알리는 표를 만들어 보세요.**

( )학년 ( )반 회장 후보 기호 ( )번 이름:( )

특징

약속

▶
–

▶
–

▶
–

▶
–

# 02 나하고 와니가 청소를 할 테니까 너희는 게시판을 꾸며

● 2과에서 무엇을 배우는지 알아봅시다.

더 배워요(선택)
**환경 미화**

꼭 배워요(필수)
**교실 환경 꾸미기**

학습 도구(선택)
**2. 협동 학습 하기**

학습 목표
다른 사람에게 자신의 의견을 제안할 수 있다.
다른 사람에게 어떤 일을 해 줄 것을 요청할 수 있다.

어휘 환경 미화 관련 어휘
문법 −도록, −을 테니(까), −는 대신에,
　　−어 놓다/두다

## 함께 이야기해 봐요

1. 환경 미화를 위해 무엇을 해요?

2. 학급 게시판을 어떻게 꾸미면 좋을까요?

# 어휘를 배워요

환경 미화를 위해 청소를 해요.

대청소를 하다

창

커튼을 치다

청소 도구함

걸레

바닥을 쓸다

빗자루

쓰레받기

대걸레

**발음**

쓰레받기[쓰레받끼]     빗자루[비짜루/빋짜루]     학사 일정[학싸일쩡]     급훈[그푼]
접다[접따]     붙이다[부치다]     끝내다[끈내다]     돕다[돕따]

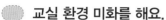 교실 환경 미화를 해요.

미리, 방해, 재료,
질, 화분,
끝내다, 돕다,
붙이다, 쌓다, 옮기다,
이기다, 자라다, 챙기다

# 문법을 배워요 1

① 여러분 이번 주에 환경 미화가 있어요. 환경 미화를 잘 끝낼 수 있도록 모두 다 참여했으면 좋겠어요.

② 네, 선생님. 저는 청소 도구함을 정리할게요.

③ 정호가 글씨를 잘 쓰니까 게시판 꾸미기를 도우면 좋겠어요.

④ 네, 제가 할게요.

## ㅡ도록

앞에 오는 말이 뒤에 오는 말에 대한 목적이나 결과, 방식, 정도임을 나타내는 연결 어미.

나무가 잘 자라도록 매일 물을 주었습니다.

학생들이 잘 볼 수 있도록 시간표를 게시판에 붙여 놓았어요.

길이 미끄러우니까 넘어지지 않도록 조심하세요.

● '-도록'을 사용하여 〈보기〉와 같이 문장을 완성해 보세요.

〈보기〉    이해가 잘되도록 설명해 주세요. (이해가 잘되다)

(1) _____ 열심히 응원했어요. (우리 팀이 이기다)

(2) _____ 조용히 말하세요. (다른 사람에게 방해가 되지 않다)

여러분이 무슨 일을 했어요. 그 일을 한 목적을 '-도록'을 사용하여 말해 보세요.

# 문법을 배워요 2

① 우리 이제 뭐 할까?

② 교실 청소부터 하고 게시판을 꾸며야 해.

③ 그럼, 나하고 와니가 청소를 할 테니까 너희는 게시판을 꾸며.

④ 그래. 게시판 꾸밀 재료를 사러 문구점부터 갔다 올게.

## –을 테니(까)

–ㄹ 테니(까)

뒤에 오는 말에 대한 조건임을 강조하여 앞에 오는 말에 대한 말하는 사람의 의지를 나타내는 표현.

기다리고 있을 테니까 천천히 다녀와.

짐은 내가 잘 들고 갈 테니까 걱정하지 마세요.

내가 종이꽃을 접을 테니까 너는 그걸 게시판에 붙여 줘.

● '–을 테니(까)'를 사용하여 〈보기〉와 같이 문장을 완성해 보세요.

〈보기〉 내가 떡볶이를 살 테니까 네가 음료수를 사. (내가 떡볶이를 사다)

(1) _____ 네가 복도를 청소해. (내가 교실을 청소하다)

(2) _____ 잊지 말고 가져가. (열쇠를 탁자 위에 두다)

오늘 대청소를 해요. '–을 테니까'를 사용하여 나와 친구들과의 역할을 정해 보세요.

# 문법을 배워요 3

① 여기에 뭘 붙일까?

② 우리 반 친구들 사진을 찍어서 붙이는 게 어때?

③ 글쎄. 난 사진을 찍는 대신에 친구들 얼굴을 그리는 게 좋을 것 같아.

④ 그거 좋은 생각이다. 내가 한번 그려 볼까?

## —는 대신에

−ㄴ 대신에

앞에 오는 말이 나타내는 행동이나 상태를 비슷하거나 맞먹는 다른 행동이나 상태로 바꾸는 것을 나타내는 표현.

날씨가 좋으니까 영화를 보는 대신에 자전거를 타러 가는 게 어때?

이번 시간에는 회의를 하는 대신에 학급 게시판을 꾸며요.

그 물건은 값이 싼 대신에 질이 안 좋아요.

● '—는 대신에'를 사용하여 〈보기〉와 같이 이야기해 보세요.

〈보기〉
가: 점심을 사 먹기로 했어? (점심을 사 먹다)
나: 아니. 사 먹는 대신에 직접 만들기로 했어. (직접 만들다)

(1) 한복을 사 입다, 빌려 입다

(2) 요리 재료를 직접 사러 가다, 인터넷으로 주문하다

'—는 대신에'를 사용하여 서로 바꾸어 할 수 있는 일들에 대해 이야기해 보세요.

# 문법을 배워요 4

① 여기에 화분을 놓으니까 조금 안 어울리지 않아?

② 왜? 나는 괜찮은데.

③ 너무 크고 무거운 것 같아. 이 화분은 다른 데로 옮겨 놓는 게 좋겠어.

④ 그래. 그럼 사물함 위에는 화분을 놓는 대신에 꽃병을 올려 두자.

## –어 놓다/두다

–아 놓다/두다, –여 놓다/두다

**앞의 말이 나타내는 행동을 끝내고 그 결과를 유지함을 나타내는 표현.**

옷걸이에 옷을 걸어 놓아요.

아이스크림을 냉장고에 넣어 두었어요.

영수가 사물함 위의 물건들을 정리해 놓았어요.

● '–어 놓다/두다'를 사용하여 〈보기〉와 같이 문장을 완성해 보세요.

〈보기〉   책장에 자리가 없어서 그 옆에 책을 <u>쌓아 놓았어요/두었어요</u>. (쌓다)

(1) 엄마를 위해서 음식을 _____. (만들다)

(2) 내일 학교에 가지고 갈 준비물을 미리 _____. (챙기다)

여러분은 친구를 초대하기 전에 무엇을 해 놓아요? '–어 놓다/두다'를 사용하여 말해 보세요.

# 한국의 집을 만나다

¤ 한국의 전통 집 한옥에 대해 알아봐요.

한옥

한국의 전통 집은 '한옥'이라고 불러요. 한옥은 크게 사랑채와 안채로 나뉘어요.
사랑채에는 주로 남자들이 머물고 안채에서는 주로 여자들이 생활해요.
그리고 한옥은 바닥이 온돌로 되어 있어요. 방과 방 사이에는 대청마루가 있어요.
마당 뒤편 장독대에는 간장, 된장, 고추장이 들어 있는 항아리가 놓여 있어요.

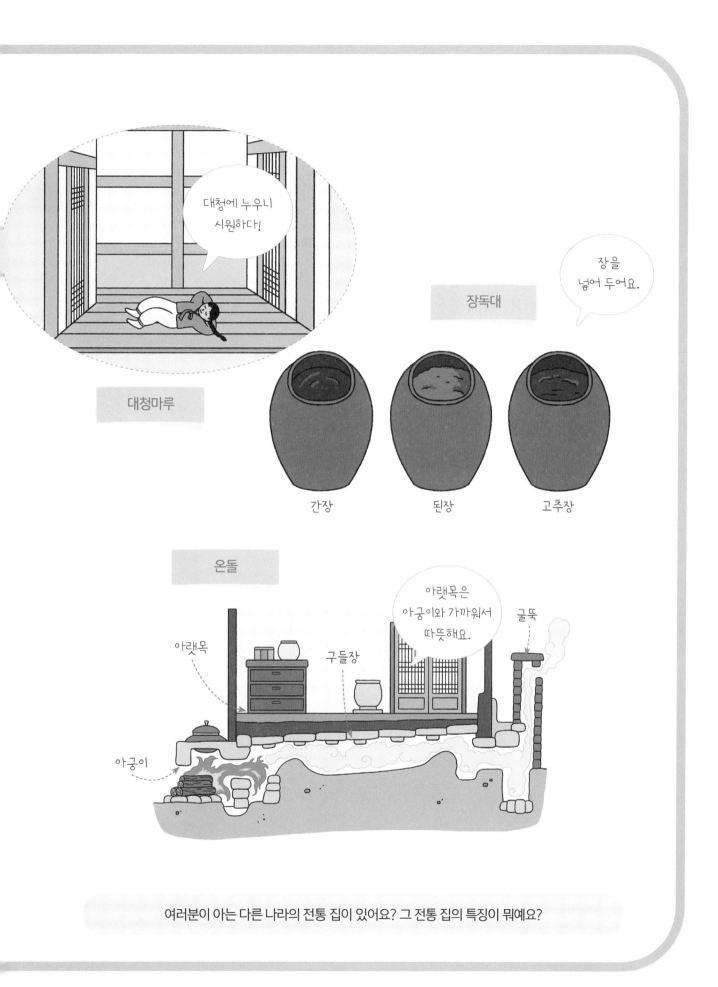

여러분이 아는 다른 나라의 전통 집이 있어요? 그 전통 집의 특징이 뭐예요?

# 02 더 배워요

● 2과에서 무엇을 배우는지 알아봅시다.

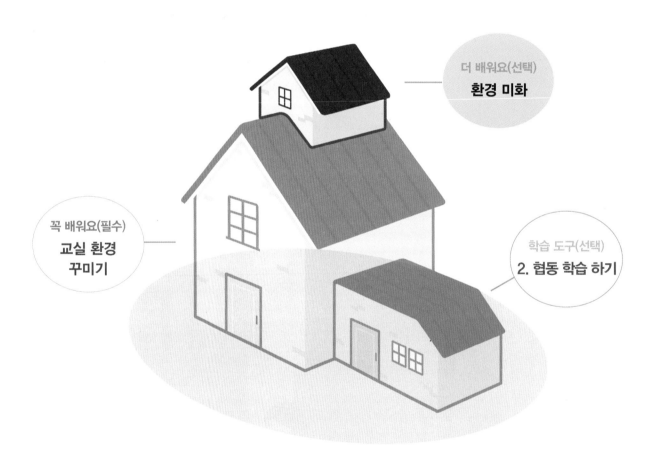

더 배워요(선택)
**환경 미화**

꼭 배워요(필수)
**교실 환경
꾸미기**

학습 도구(선택)
**2. 협동 학습 하기**

환경 미화를 할 때
역할을 나누어요.

환경 미화를 끝내고 무엇을
먼저 할지 이야기해요.

환경 미화

방 분위기를 바꾸려고 해요.

방 분위기를 바꿨어요.

함께 이야기해 봐요

1. 학급 신문에 어떤 내용이 있어요?

2. 여러분은 학급 신문에 어떤 내용을 넣고 싶어요?

# 대화해 봐요 1

선생님이 환경 미화에 대해 이야기해요. 📱로 확인해 보세요.

선영과 영수가 환경 미화를 계획하고 있어요. 먼저 📱로 확인해 보세요.

**▌▌ 질문에 답하세요.**

1. 내용과 같으면 ○, 다르면 ✕ 하세요.

(1) 선영이와 영수는 함께 환경 미화를 할 겁니다.  (       )

(2) 이번 주까지 환경 미화를 해야 합니다.  (       )

(3) 선영이와 호민이는 학급 게시판 꾸미는 일을 끝냈습니다 .  (       )

2. 환경 미화를 마무리해야 해요. 여러분이 반장이라면 호민이와 안나에게 어떻게
   이야기할 거예요?

➡ _____

 게시판을 어떻게 꾸밀까요?
🔲로 확인해 보세요.

 전체 대화를 들어 보세요.

**▨ 활용하기**

환경 미화를 준비할 시간이 부족해요. 선영이와 영수는 어떻게 할까요?

: 5시에 치킨집에서 친구들을 만나기로 했어. 빨리 치킨 먹으러 가자.

: 그런데 환경 미화를 하고 남은 쓰레기는 어떻게 하지?

: 그러면 치킨 먹으러 가기 전에 쓰레기부터 치우자.

: 5시까지 치킨집에 가야 하니까 시간이 별로 없어.

: 그럼 우선 내가 치우고 있을 테니까 네가 호민이랑 안나 좀 불러 와.

# 대화해 봐요 2

수호가 유미에게 방 분위기를 바꾸는 것에 대해서 이야기해요.
▨로 확인해 보세요.

유미는 무엇을 바꾸고 싶어 해요? 먼저 ▨로 확인해 보세요.

**새 표현**

분위기　안되다　갑자기　요새　배치　달라지다　표정　혼나다　새롭다　-어 드리다

**┃┃ 질문에 답하세요.**

1. 내용과 같으면 ○, 다르면 ✕ 하세요.

   (1) 유미는 책장을 새로 샀습니다.　　　　　　　　　　　　（　　　　　）

   (2) 유미는 책을 잘 정리하지 않았습니다.　　　　　　　　（　　　　　）

   (3) 유미는 방에 있는 가구의 배치를 바꿀 겁니다.　　　　（　　　　　）

2. 여러분은 방 분위기를 어떻게 바꾸고 싶어요?

   ➜ ＿＿＿＿＿＿＿＿＿＿＿＿＿＿＿＿＿＿＿＿＿＿＿＿＿＿＿＿＿＿＿＿

 수호의 표정이 왜 안 좋을까요?
▦로 확인해 보세요.

 전체 대화를 들어 보세요.

**▨ 활용하기**

유미가 요즘 집에 일찍 간 이유에 대해서 이야기하고 있어요.

 : 유미야, 가구 배치를 바꾸니까 방 분위기가 많이 달라졌네.
그래서 요즘 네가 일찍 집에 갔구나?

 : 가끔 학교에서 공부가 잘 안될 때가 있는데 그럴 때 집에서 공부하면 좋아.

 : 집에서 혼자 공부하는 거 조금 답답하지 않니?

 : 답답하지는 않아. 새로운 환경에서 공부하니까 공부도 더 잘되고 성적도 올라갈 거야.

# 읽고 써 봐요

¤ **다음을 읽고 질문에 답하세요.**

신문    학급 신문

---

제1호
서로 사랑하고 양보하는
1학년 4반

## 학급 신문

발행일: 20＊＊년 3월 30일
발행인: 1학년 4반 친구들

♥ 알립니다 ♥

'1학년 건강 검진' 안내

4월 첫째 주 토요일에 학교 강당에서 1학년 건강 검진이 있습니다. 작년에는 평일 아침 시간을 이용해서 병원에서 검사했는데 올해는 토요일에 모든 반이 함께 검진을 받게 되었습니다. 한 사람도 늦지 않았으면 좋겠습니다.

---

♥ 칭찬합니다 ♥

우리 반 친구 이선영을 칭찬합니다. 이동 수업 때 에너지 절약을 위해 주번 대신에 매번 불을 끄고 갑니다. 그래서 우리 반 친구들 모두가 선영이를 칭찬해 주면 좋겠습니다. 우리 모두 선영이처럼 전기를 절약합시다.

♥ 선생님의 말씀 ♥

꽃처럼 예쁜 아이들아!
학교에 입학한 지 한 달이 안 되었는데 서로 돕고 잘 적응하고 있는 모습이 정말 보기 좋다. 선생님도 너희를 위해 열심히 노력할 테니까 앞으로도 계속 이렇게 사이좋게 지내는 1학년 4반이 되었으면 좋겠다. 1학년 4반 사랑해!
– 항상 너희를 응원하는 선생님이

---

1. 읽은 내용과 같으면 ○, 다르면 ✕ 하세요.

    (1) 이 학급 신문에는 선영이를 칭찬하는 글이 있다.　　　　　( 　　　 )

    (2) 이 학급 신문은 1학년 4반 친구들이 만들었다.　　　　　( 　　　 )

    (3) 1학년 4반 친구들은 같은 반이 된 지 1년이 되었다.　　　　( 　　　 )


2. 1학년 학생들의 건강 검진은 언제 어디에서 합니까?


3. 선생님이 1학년 4반 학생들에게 바라는 것이 무엇입니까?

**새 표현**

양보하다　발행일　발행인　강당　건강 검진　검사하다
에너지　주변　매번　사이좋다

¤ 학급 신문을 만들어 봤어요? 무슨 내용이 들어가면 좋을까요?

| 주제 | 내용 |
|---|---|
| 이 사람은 누구일까요? | 반 친구 중 한 명의 아기 때 사진을 보고, 다른 친구들이 이름을 맞혀보기 |

¤ 위에 적은 내용을 가지고 학급 신문을 만들어 보세요.

제　　호　　**학급 신문**　　발행일:
　　　　　　　　　　　　　　　　발행인:

♥ 이 사람은 누구일까요? ♥
우리 반 친구들 중
한 명의 어릴 때 모습입니다.
이 사람은 누구일까요?

# 03

## 이번 과제를 하려면 자료가 많이 있어야 해

● 3과에서 무엇을 배우는지 알아봅시다.

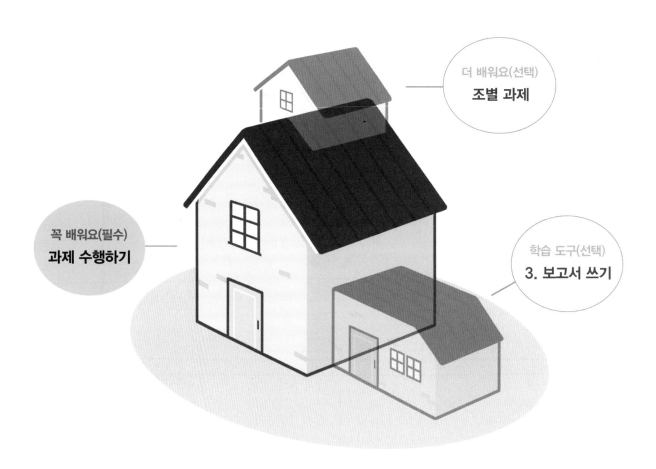

더 배워요(선택)
**조별 과제**

꼭 배워요(필수)
**과제 수행하기**

학습 도구(선택)
**3. 보고서 쓰기**

학습 목표
다른 사람과 어떤 일을 계획할 수 있다.
어떤 문제가 생겼을 때 그 문제를 해결할 수 있다.

어휘 과제 관련 어휘
문법 -잖아(요), -어 가다,
　　 -으려면, - 어도

**함께 이야기해 봐요**

1. 과제를 누구와 어떻게 준비할까요?

2. 다른 사람과 함께 과제를 할 때 무엇을 주의해야 할까요?

# 어휘를 배워요

과제에 대해서 알아봐요.

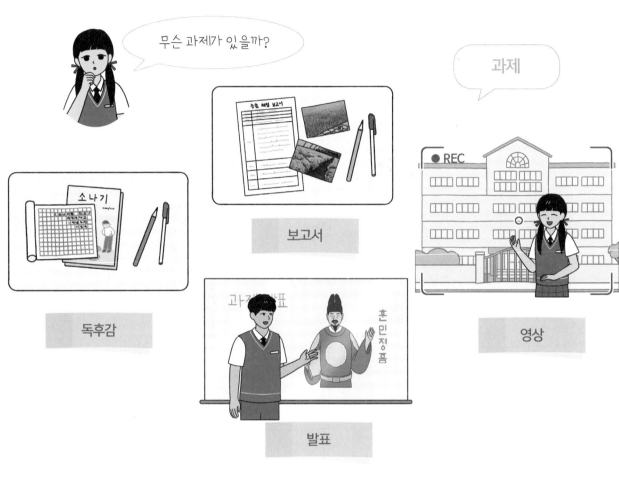

무슨 과제가 있을까?

과제

보고서

독후감

발표

영상

개인 과제

모둠 과제

**발음**

독후감[도쿠감]       검색하다[검새카다]       작성하다[작썽하다]       학부모[학뿌모]       담다[담따]

조사하다

자료 조사

검색하다

참고하다

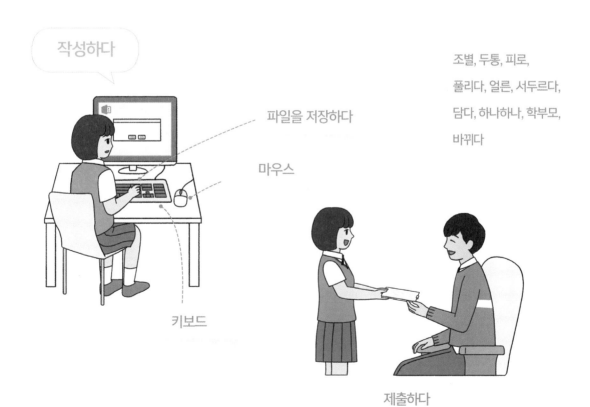

작성하다

파일을 저장하다

마우스

키보드

제출하다

조별, 두통, 피로,
풀리다, 얼른, 서두르다,
담다, 하나하나, 학부모,
바뀌다

# 문법을 배워요 1

① 호민아, 얼른 자. 밤이 늦었잖아.

② 안 돼요. 과제를 내일까지 다 끝내야 해요.

③ 그러니까 숙제를 미루지 말았어야지.

④ 네. 다음부터는 미리 할게요.

## -잖아(요)

어떤 상황에 대해 말하는 사람이 상대방에게 확인하거나 정정해 주듯이 말함을 나타내는 표현.

선생님은 쉬는 시간에 교무실에 계시잖아.

조별 보고서를 5시까지 선생님께 제출해야 하잖아.

요즘 와니가 영어 말하기 대회 준비 때문에 바쁘잖아.

● '-잖아(요)'를 사용하여 〈보기〉와 같이 문장을 완성해 보세요.

> 〈보기〉 주말에는 은행이 문을 <u>닫잖아</u>. 월요일에 다시 오자. (닫다)

(1) 오늘 공개 수업이 _____. 그래서 학부모님들이 많이 오셨어. (있다)

(2) 와니가 달리기 실력이 _____. 그래서 이번에도 달리기 경기에서 1등 했어. (좋다)

어떤 일에 대해 친구가 알았으면 좋겠어요. '-잖아(요)'를 사용하여 말해 보세요.

# 문법을 배워요 2

① 오빠, 발표 준비 다 했어?

② 아니, 아직. 그런데 무슨 일 있어?

③ 수학 숙제를 하고 있는데 이 문제가 잘 안 풀려. 이거 좀 먼저 가르쳐 주면 안 돼?

④ 거의 다 끝나 가니까 잠깐만 기다려.

## -어 가다

-아 가다, -여 가다

**앞의 말이 나타내는 행동이나 상태가 계속 진행됨을 나타내는 표현.**

계절이 여름에서 가을로 바뀌어 가요.

하나하나 천천히 배워 가겠습니다.

과제 준비가 거의 다 되어 가요.

● '-어 가다'를 사용하여 〈보기〉와 같이 이야기해 보세요.

〈보기〉　가: 수호야, 아직 멀었어?
　　　　　나: 다 <u>완성되어 가</u>. 조금만 기다려 줘. (완성되다)

(1) 풀다

(2) 먹다

어떤 일이 진행되고 있어요. '-어 가다'를 사용하여 말해 보세요.

# 문법을 배워요 3

① 세인아, 사회 과제 준비 잘돼 가?

② 아니. 아직 다 못 했어. 이번 과제가 너무 어려워.

③ 이번 과제를 하려면 자료가 많이 있어야 해. 도서관에 가서 자료부터 찾아봐.

④ 그래야겠다.

## –으려면

–려면

**어떤 행동을 할 의도나 의향이 있는 경우를 가정할 때 쓰는 연결 어미.**

광화문에 가려면 몇 번 버스를 타야 해요?

다양한 정보를 찾으려면 인터넷을 검색하면 돼요.

감기에 걸리지 않으려면 손을 깨끗이 씻으세요.

● '–으려면'을 사용하여 〈보기〉와 같이 문장을 완성해 보세요.

〈보기〉 이 물건을 모두 <u>담으려면</u> 큰 상자가 필요해요. (담다)

(1) 도서관에서 책을 _____ 학생증이 있어야 해. (빌리다)

(2) 좋은 점수를 _____ 예습과 복습을 열심히 하세요. (받다)

운동을 잘하고 싶으면 어떻게 해야 해요? '–으려면'을 사용하여 말해 보세요.

# 문법을 배워요 4

① 과제도 다 제출했는데 오늘 뭐 할 거야?

② 난 집에서 지난번에 본 영화 한 번 더 보려고.

③ 본 영화를 왜 또 봐?

④ 좋은 영화는 여러 번 봐도 늘 새로운 감동을 주잖아.

## -어도

-아도, -여도

앞에 오는 말을 가정하거나 인정하지만 뒤에 오는 말에는 관계가 없거나 영향을 끼치지 않음을 나타내는 연결 어미.

약을 먹어도 두통이 낫지 않아요.

내일 비가 와도 현장체험학습을 가는 거지?

아무리 바빠도 아침은 챙겨 먹는 것이 좋아요.

● '-어도'를 사용하여 〈보기〉와 같이 문장을 완성해 보세요.

> 〈보기〉　좋아하는 책은 몇 번을 읽어도 재미있어요. (읽다)

(1) 잠을 많이 _____ 피로가 풀리지 않아요. (자다)

(2) 아무리 _____ 꿈을 이루기 위해서 열심히 노력할 거예요. (힘들다)

여러분은 어렵고 힘들어도 해야 하는 일이 있어요? '-어도'를 사용해서 말해 보세요.

# 한국 중고등학교의 수행 평가를 알아보다

## ¤ 한국의 수행 평가에 대해서 알아봐요.

수행 평가란?
학습 목표를 위해 학습해 나가는 과정의 하나인 발표와 여러 활동에 대해 평가하는 것을 말해요.
수행 평가는 학교마다, 학년마다, 과목마다, 평가하는 방법과 기준이 조금씩 다를 수 있어요.

**국어**

글쓰기나 말하기, 토론 등을 평가해요. 학교나 교사마다 그 평가 기준이 다르지만 대부분 교과서에서 배운 내용을 얼마나 잘 이해하고 적용할 수 있는지 확인해요.

**수학**

대부분 문제 풀이 과정을 평가하기 때문에 평소 문제 풀이를 꼼꼼하게 하는 연습이 필요해요. 그리고 도형 문제와 같이 그림을 그려야 하는 문제도 충분히 연습해야 해요.

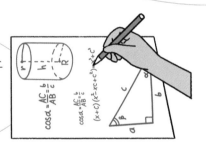

**영어**

영어는 보통 '말하기'와 '쓰기'의 능력을 평가해요. 예를 들면 영어로 발표하기나 영어 노래나 역할극 등의 활동이 있고 그것에 대해 평가를 해요. 배운 표현에 대한 연습 활동이나 문장 해석 활동도 평가해요.

**사회**

사회 과목은 단순하게 내용을 외우는 것보다 어떠한 현상의 원인이나 결과를 함께 생각하고 탐구하는 공부를 해요. 역사 탐방 후에 '역사 탐방 보고서', '조사 보고서'를 작성하거나 '조별 토론'과 같은 활동을 하고 평가도 받아요.

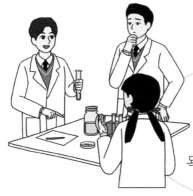

**과학**

각 조별로 '실험'을 하는 과정이나 실험을 한 뒤 쓴 '실험 보고서'가 평가돼요. 실험의 시작부터 끝까지 평가가 되며, '실험 보고서'는 실험 제목, 목표, 가설, 실험 과정, 결과, 분석' 등을 구체적으로 잘 작성해야 해요.

**예체능**

각 분야에 맞는 실기 시험이 있어요. 음악은 악기 연주, 가창 시험이 있어요. 미술은 그림을 그리거나 작품 만들기를 해요. 체육은 줄넘기 등의 운동으로 그 실력이 평가돼요.

 **수행 평가 만점 전략!**

첫째, 수행 평가 계획표를 찾아보고 과목별로 무엇을 언제 평가하는지 어떤 방법으로 평가하는지 확인한다.

둘째, 수행 평가는 과목별로 특징에 따라 연습을 하거나 활동지를 작성해야 하기 때문에 미리 준비해야 한다.

셋째, 평가 전 미리 준비하고 제출 날짜를 반드시 지킨다. 따로 제출하는 활동지의 경우 아무리 잘해도 제출 날짜를 지키지 않으면 좋은 점수를 받을 수 없다.

여러분은 다른 나라 중고등학교에서 하는 평가 방법을 알고 있어요? 그 나라에서는 어떻게 평가해요?

# 03

## 더 배워요

◔ 3과에서 무엇을 배우는지 알아봅시다.

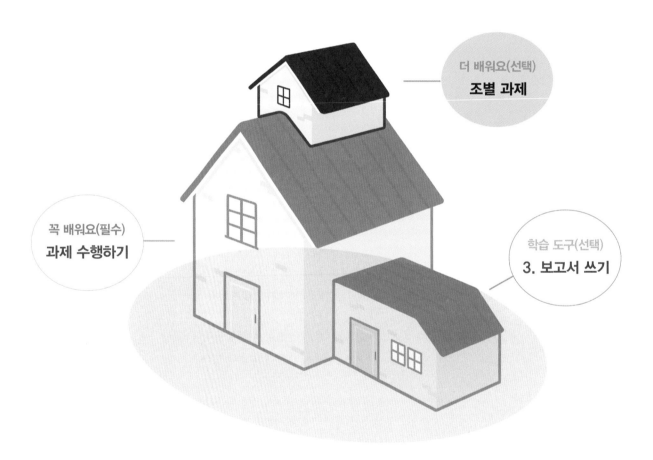

더 배워요(선택)
**조별 과제**

꼭 배워요(필수)
**과제 수행하기**

학습 도구(선택)
**3. 보고서 쓰기**

모둠 과제를 준비해요.

조별 과제를 수행할 장소를 예약해요.

조별 과제

발표 자료를 만들어요.

발표 자료에 넣을 자료를 찾아요.

함께 이야기해 봐요

1. 여러분은 과제를 준비해 봤어요? 과제를 준비할 때 무슨 자료를 참고해요?

2. 여러분의 학교를 소개해 보세요.

# 대화해 봐요 1

과제를 언제까지 제출해야 해요? 📱로 확인해 보세요.

선영이와 친구들이 과제를 하기 위해서 계획을 세우고 있어요.
먼저 📱로 확인해 보세요.

① 얘들아, 우리 모둠 과제 제출 날짜가 다 되어 가. 과제를 하려면 빨리 계획을 세워야 할 것 같아.

② 시간이 일주일이나 남았는데 벌써 준비해?

③ 시간이 많지 않아. 자료 조사, 박물관 관람, 사진 정리 등 할 게 많아. 보고서도 써야 하잖아.

④ 그럼, 우리 박물관에 가기 전에 내일까지 각자 자료 조사를 해 오는 게 어떨까?

⑤ 좋아. 아무것도 모르고 가는 것보다 미리 공부한 다음에 가면 이해가 더 쉬울 수도 있겠다.

⑥ 그리고 박물관에 가서 정호 네가 사진을 찍으면 나랑 영수는 내용 정리를 할게.

⑦ 그렇게 하자. 사진은 바로 정리해서 그날 밤에 모두에게 메일로 보내 줄게.

**새 표현**

남다   관람   조원   메일   보내다   잊어버리다   이나

██ 질문에 답하세요.

1. 내용과 같으면 ○, 다르면 ✕ 하세요.

   (1) 과제는 일주일 뒤에 제출해야 합니다. ( )

   (2) 선영이는 과제에 필요한 자료 조사를 이미 끝냈습니다. ( )

   (3) 정호는 박물관에서 찍은 사진을 정리해서 친구들에게 보낼 겁니다. ( )

2. 여러분은 친구들과 발표 과제를 준비할 때 무엇을 먼저 할 거예요?

   ➡ _____

 정호가 무엇을 깜빡 잊었을까요?
⬛로 확인해 보세요.

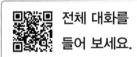 전체 대화를 들어 보세요.

▨ **활용하기**

친구들이 보고서를 어디에서 작성할지에 대해 이야기하고 있어요.

 : 영수야, 혹시 모둠 과제할 장소 알아봤어? 같이 모여서 보고서 작성해야 하는데.

 : 우리 학교 도서관 회의실을 이용하는 게 어때?

 : 좋아. 거기 미리 예약해야 하지?

 : 응. 지금 예약하면 돼. 그런데 각자 자료를 먼저 찾아서 미리 정리한 다음에 모이자.

 : 그게 좋겠다. 네가 도서관 회의실을 예약하면 나는 애들한테 연락할게.

# 대화해 봐요 2

누가 발표자로 결정되었을까요? 📱로 확인해 보세요.

민우가 유미에게 왜 전화를 했을까요? 먼저 📱로 확인해 보세요.

① 유미야, 나 민우인데.

② 웬일이야?

③ 우리 조 발표 준비 때문에 전화했어. 발표를 잘하려면 자료가 더 있어야 할 것 같아.

④ 아, 그래? 어떤 자료가 필요한 거야?

⑤ 사진 자료. 네가 사진 자료를 좀 검색해 줄래?

⑥ 그래. 그럼 인터넷으로 검색하면 되니까 빨리 찾아서 보내 줄게. 늦어도 9시 전까지는 보낼 수 있어.

⑦ 그럼 좀 부탁할게. 갑자기 전화해서 미안해.

⑧ 괜찮아. 우리 조 발표인데 당연히 같이 해야지. 부족한 자료가 있거든 또 말해 줘.

**질문에 답하세요.**

1. 내용과 같으면 ○, 다르면 ✕ 하세요.
   (1) 발표를 잘하기 위해 자료가 더 필요합니다. ( )
   (2) 유미는 사진을 찍어서 민우에게 보내 줄 겁니다. ( )
   (3) 유미는 민우를 도와주기로 했습니다. ( )

2. 여러분은 발표 자료를 어디에서 찾아요?
   → _____

 민우 얼굴이 왜 빨개요?
🔲로 확인해 보세요.

 전체 대화를 들어 보세요.

▨ **활용하기**

나나가 세인이에게 보고서 작성에 필요한 자료에 대해 이야기하고 있어요.

 : 세인아, 자료 다 찾았어? 이제 정리해서 보고서 써야 하는데.

 : 미안해. 조금만 더 기다려 줄래? 아직 다 못 찾았어. 인터넷으로 조금만 더 검색하면 되니까 빨리 찾아서 보내 줄게.

 : 서두를 필요 없어. 내가 찾은 자료가 보고서 앞부분에 들어가니까 이것부터 정리하고 있을게.

 : 고마워. 조금만 더 찾아보고 없으면 다시 얘기할게.

# 읽고 써 봐요

¤ **다음을 읽고 질문에 답하세요.**

열린연단 사전

세종대왕과 한글 ▾ 🔍 통합검색 ≔ 카테고리 보기 ▾

로그인 ▦

정보 사전   이미지 7   동영상 1   리스트 7

## 세종대왕, 한글을 만들다

한글은 세종대왕이 1443년에 만든 문자이다. 그런데 세종대왕이 한글을 만든 이유는 무엇일까?

과거 조상들은 중국의 글자인 한자를 사용했다. 그런데 한국 사람이 사용하는 말을 한자로 바꾸어 사용하는 것은 너무 어려웠다. 그리고 한자는 글자 수도 많고 너무 복잡해서 외우려면 많은 시간이 필요했다. 또한 나라의 법이 바뀌어도 글을 몰라서 불편함을 느끼는 사람들도 많았다.

그래서 세종대왕은 글을 제대로 읽고 쓰지 못하는 사람들을 위해 누구나 쉽게 배우고 쓸 수 있는 '훈민정음', 즉 한글을 만들었다. 이후 한글을 널리 알리고 한글로 된 책이 나오면서 많은 사람들이 글을 읽고 쓸 수 있게 되었다.

1. 읽은 내용과 같으면 ○, 다르면 ✕ 하세요.

　(1) 한글로 된 책이 나온 시기는 1443년 이전이다.　　　　　　　　( 　　 )

　(2) 과거 한국 사람들은 중국의 글자를 사용한 적이 있다.　　　　　( 　　 )

　(3) 세종대왕은 글을 몰라 불편해하는 사람들을 위해 법을 바꾸었다.　( 　　 )

2. 세종대왕이 만든 글자의 이름은 무엇입니까?

3. 세종대왕이 한글을 만든 이유는 무엇입니까?

¤ 여러분의 학교에 대해 써 보세요.

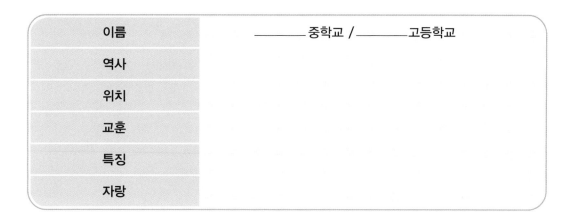

| 이름 | —————중학교 / —————고등학교 |
|------|------|
| 역사 | |
| 위치 | |
| 교훈 | |
| 특징 | |
| 자랑 | |

¤ 위 내용을 가지고 정보 사전을 완성해 보세요.

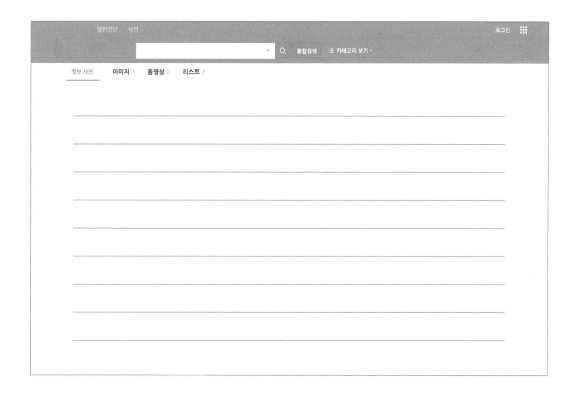

# 04

## 정호는 공연장에 조금 늦게 도착한다고 해

● 4과에서 무엇을 배우는지 알아봅시다.

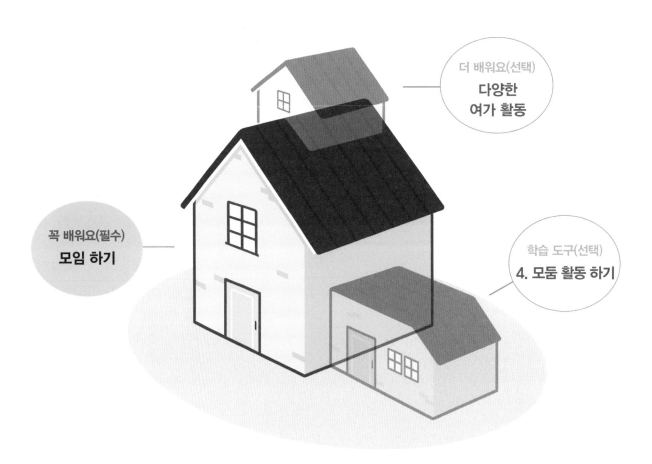

더 배워요(선택)
**다양한
여가 활동**

꼭 배워요(필수)
**모임 하기**

학습 도구(선택)
**4. 모둠 활동 하기**

**함께 이야기해 봐요**

1. 친구와 함께 모임 활동을 해 봤어요?

2. 친구와 공연을 보러 간 적이 있어요? 무슨 공연이었어요?

# 어휘를 배워요

친구들과 모이면 어떤 경험을 할 수 있어요?

여가 활동을 즐기다

공연 관람

야외 활동

캠프

마음을 나누다

우정

기쁨

어려움

**발음**

관람[괄람]   속상하다[속쌍하다]   무겁다[무겁따]
가볍다[가볍따]   연예인[여녜인]   모집하다[모지파다]

친구들 사이에 어떤 문제가 생긴 적이 있어요? 그때 어떤 감정을 느꼈어요?

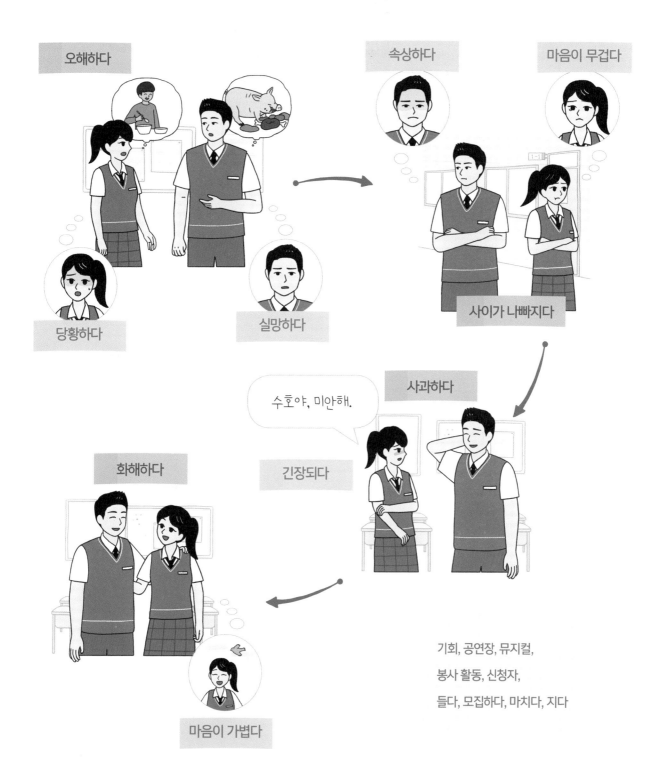

# 문법을 배워요 1

① 이번 주 토요일 2시에 영화를 보려고 하는데 어때?

② 나는 토요일 오후에 피아노 수업이 있는데 어떡하지?

③ 영화 보고 이야기하고 있을 테니까 피아노 수업 끝나고 여기로 와.

④ 알았어. 수업 마치자마자 바로 올게.

## −자마자

앞의 말이 나타내는 사건이나 상황이 일어나고 곧바로 뒤의 말이 나타내는 사건이나 상황이 일어남을 나타내는 연결 어미.

저는 보통 밥을 먹자마자 이를 닦아요.

반 친구들은 음악이 나오자마자 노래를 같이 부르기 시작했어요.

어제는 너무 피곤해서 집에 오자마자 바로 잠이 들었어요.

● '−자마자'를 사용하여 〈보기〉와 같이 문장을 완성해 보세요.

> 〈보기〉 오늘 학교 수업이 끝나자마자 집에 가야 해요. (끝나다)

(1) 세인이는 엄마가 _____ 축구를 하러 나갔어요. (외출하다)

(2) 이 모자는 가게에서 _____ 마음에 들어서 바로 산 거야. (보다)

어떤 행동을 해요. 그리고 그다음에 바로 이어서 다른 행동을 해요. '−자마자'를 사용하여 말해 보세요.

# 문법을 배워요 2

① 오늘 축구 경기 어땠어?

② 우리 팀이 지고 말았어.

③ 속상하겠다. 너희 팀 축구 잘하잖아. 왜 졌어?

④ 우리 팀에서 축구를 제일 잘하는 수호가 오늘 안 왔어. 그래서 진 것 같아.

## –고 말다

**앞에 오는 말이 가리키는 행동이 안타깝게도 끝내 일어났음을 나타내는 표현.**

늦잠을 자서 학교에 지각하고 말았다.

어제 문자 메시지를 보면서 걷다가 넘어지고 말았어.

친구의 말을 오해해서 싸우고 말았어요.

● '–고 말다'를 사용하여 〈보기〉와 같이 문장을 완성해 보세요.

〈보기〉 친구가 너무 늦게 와서 <u>화를 내고 말았어</u>. (화를 내다)

(1) 너무 배가 고파서 동생 케이크까지 다 _____. (먹다)

(2) 지갑을 손에 들고 다니다가 _____. (잃어버리다)

예상하지 못한 일을 했어요. '–고 말다'를 사용하여 말해 보세요.

# 문법을 배워요 3

① 정호가 왜 이렇게 안 오지?

③ 어떡하지? 10분 후에 콘서트 시작하는데.

② 좀 전에 정호하고 통화했는데 공연장에 조금 늦게 도착한다고 해.

④ 와니야, 너 먼저 들어가. 내가 정호를 기다릴게.

## ㅡ는다고

ㅡㄴ다고, ㅡ다고

**다른 사람에게서 들은 내용을 간접적으로 전달하거나 주어의 생각, 의견 등을 나타내는 표현.**

한국 사람들은 생일에 미역국을 먹는다고 해요.

이번 방학에 영어 캠프가 있어서 신청자를 모집한다고 해.

내일은 날씨가 많이 춥다고 해.

● '–는다고'를 사용하여 〈보기〉와 같이 문장을 완성해 보세요.

> 〈보기〉  안나는 오늘 봉사 활동을 마치고 바로 <u>돌아온다고</u> 말했어. (돌아오다)

(1) 저기에서 학생들을 위한 뮤지컬을 ＿＿＿＿＿＿ 해요. (하다)

(2) 정호한테서 들었는데 그 연예인을 좋아하는 친구들이 ＿＿＿＿＿＿ 해. (많다)

다른 사람에게서 들은 이야기를 친구에게 말하고 싶어요. '–는다고'를 사용하여 말해 보세요.

# 문법을 배워요 4

① 정호하고 영수 무슨 일 있어? 사이가 좀 안 좋아 보여.

② 아침에 좀 싸운 것 같아. 우리가 화해할 수 있게 도와줄까?

③ 그래. 먼저 두 사람이 만날 수 있는 기회를 만들자. 다 같이 자전거 타는 거 어때?

④ 좋아. 내가 정호한테 같이 자전거 탈 수 있느냐고 물어볼게. 넌 영수한테 물어봐.

## −느냐고

−냐고

**말하는 사람이나 다른 사람이 한 질문을 전달할 때 쓰는 표현.**

나는 영수에게 주말에 주로 무엇을 하느냐고 물었어요.

친구에게 피아노 연주회에 같이 갈 수 있느냐고 물었어요.

의사 선생님이 나에게 어디가 아프냐고 물어보셨어요.

● '−느냐고'를 사용하여 〈보기〉와 같이 문장을 완성해 보세요.

〈보기〉 와니가 나에게 무슨 음식을 <u>좋아하느냐고</u> 물었어. (좋아하다)

(1) 정호가 이번 주말에 _____ 물었어. (바쁘다)

(2) 며칠 전에 안나에게 댄스부 활동이 _____ 물어봤어. (재미있다)

다른 사람이 한 질문을 친구에게 이야기하고 싶어요. '−느냐고'를 사용하여 말해 보세요.

# 한국의 공동체를 만나다

¤ 한국 문화와 한국어로 이어진 여러 종류의 공동체가 있어요.

한국 문화 애호 공동체

한국에는 특별한 팬덤 문화가 있어요. 가수마다 자신만의 팬클럽 이름이 있고, 가수를 대표하는 색깔도 있어요. 그리고 팬클럽마다 특징 있는 응원봉을 제작해 응원하기도 해요.

최근에는 한국 음악과 문화를 좋아하는 전 세계의 팬들이 한국의 팬덤 문화를 함께 즐기고 있어요. 언어도 다르고 국적도 다르지만 한국어와 한국 문화를 좋아하는 마음으로 하나의 공동체가 돼요.

## 다문화 구성원 공동체

민족은 다르지만 같은 공간에서
한국어를 쓰며 함께 살아요.

## 재외 동포 공동체

민족은 같지만 세계
여러 곳에서 살아요.
한국어와 한국 문화로
이어져 있어요.

## 한반도 공동체

한반도라는 같은 공간에서 같은 언어인
한국어를 쓰며 함께 살아요.

민족이 달라도 괜찮아요. 다른 공간에 살아도 괜찮아요.
한국 문화를 좋아하고 한국어를 사용하는 우리는 모두 하나예요.

다른 나라의 공연 문화에 대해 알고 있어요? 그 공연 문화의 특징이 뭐예요?

## 더 배워요

⬤ 4과에서 무엇을 배우는지 알아봅시다.

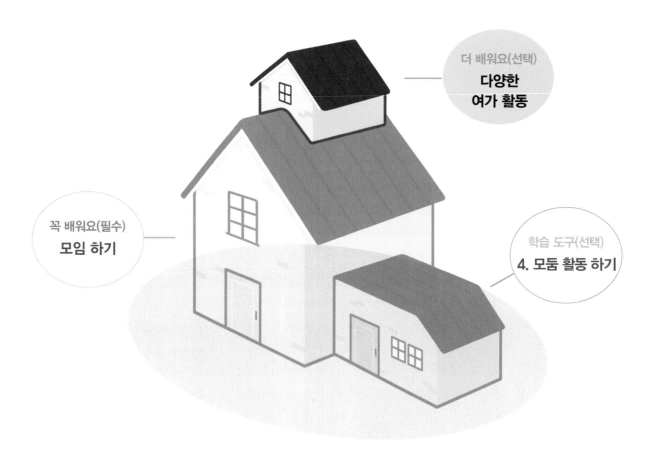

더 배워요(선택)
**다양한
여가 활동**

꼭 배워요(필수)
**모임 하기**

학습 도구(선택)
**4. 모둠 활동 하기**

봉사 활동 계획을 세워요.

영어 캠프에 대해 친구에게 물어봐요.

다양한 여가 활동

영화를 본 후 느낀 점에 대해 이야기해요.

축구 경기 결과에 대해 이야기해요.

함께 이야기해 봐요

1. 시간이 있을 때 친구들과 무엇을 해요?

2. 친구들과 함께 영화나 공연을 봤어요?

정호가 안나에게 어떤 사람이 필요하다고 했어요? 🔲로 확인해 보세요.

안나가 호민이에게 봉사 활동에 대해 이야기하고 있어요.

먼저 🔲로 확인해 보세요.

① 호민아, 너도 다음 주말에 나하고 봉사 활동 갈래? 정호랑 나랑 가기로 했는데.

② 세계 수영 대회 외국어 봉사 말이지?

③ 어떻게 알았어? 너 그런 봉사해 봤어?

④ 그럼. 전에 국제 마라톤 대회에서 베트남어 할 사람이 필요하다고 해서 해 봤어. 선수들 길도 안내하고 선수 식당에서 통역도 했는데, 그때는 마치 중요한 사람이 된 기분이었어.

⑤ 너 정말 대단하구나. 나는 이런 일이 처음인데 내가 잘할 수 있을까?

⑥ 너는 외국어도 잘하고 성격도 활발 한데 뭐가 걱정이야? 우리 내일 학교 가자마자 봉사 신청서를 쓰자.

## ▌▌질문에 답하세요.

1. 내용과 같으면 ○, 다르면 × 하세요.

   (1) 정호와 안나는 함께 봉사 활동을 할 것입니다.　　　　( 　　　 )

   (2) 호민이는 수영 대회에서 봉사 활동을 해 봤습니다.　　( 　　　 )

   (3) 안나는 이미 봉사 활동 신청서를 썼습니다.　　　　　( 　　　 )

2. 여러분이 할 수 있는 봉사 활동에는 무엇이 있어요?

   ➡ _____

 친구들은 봉사 활동을 한 후 어떤 감정을 느꼈어요?
🔲로 확인해 보세요.

 전체 대화를 들어 보세요.

## ▨ 활용하기

**정호가 선영이에게 영어 캠프에 대해 묻고 있어요.**

 : 선영아, 다음 달에 우리 학교에서 영어 캠프가 있다고 들었어. 신청하려고 하는데, 어렵지 않을까? 걱정이야.

 : 내가 작년에 가 봤는데 어렵지 않고 재미있었어. 그래서 나는 이번에도 신청하려고. 내가 같이 참가하는데 뭐가 걱정이야? 너도 꼭 신청해.

 : 네가 그렇게 말하니까 나한테 마치 누나가 생긴 기분이다. 나도 프로그램에 참가해 볼게.

 : 잘 생각했어. 신청하는 사람이 많을 테니까 오늘 수업 마치자마자 바로 신청하자.

# 대화해 봐요 2

민우와 유미는 토요일에 무엇을 할 거예요? ▦로 확인해 보세요.

민우는 영화를 본 후 어떤 감정을 느꼈어요?
먼저 ▦로 확인해 보세요.

② 응, 가족의 사랑을 주제로 한 영화였는데 영화가 생각보다 감동적이었어.

① 민우야, 지난 토요일에 세인이 집에 영화 보러 갔지? 영화 어땠어?

④ 나도 처음에는 크게 기대하지 않았었는데 돌아가신 할머니 생각이 나서 결국 울고 말았어.

③ 그랬어? 나는 영화 제목이 평범해서 그때 별로 가고 싶지 않았었어.

⑤ 그랬구나. 그것도 모르고 나는 집에 그냥 갔는데. 오늘 네 이야기를 들으니 많이 아쉽다.

⑥ 그럼, 세인이한테 그 영화 DVD 빌려줄 수 있느냐고 물어봐.

**질문에 답하세요.**

1. 내용과 같으면 ○, 다르면 ✕ 하세요.
   (1) 유미는 지난주에 세인이와 영화를 봤습니다.                    (          )
   (2) 민우는 할머니와 같이 살고 있습니다.                        (          )
   (3) 세인이는 이 영화의 DVD를 가지고 있습니다.                  (          )

2. 여러분은 친구에게 추천해 주고 싶은 영화가 있어요? 그 이유가 뭐예요?

   ➜ _____

 유미는 세인이에게 DVD를 빌렸을까요?
▦로 확인해 보세요.

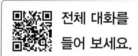 전체 대화를 들어 보세요.

▨ **활용하기**

세인이가 민우에게 축구 경기 결과를 물어봐요.

 : 민우야, 지난 토요일에 옆 반 친구들하고 축구했지? 어떻게 되었어?

 : 전반에는 우리가 2점 차로 이겼었는데, 후반에 상대 팀이 갑자기 잘하기 시작해서 결국……

 : 우리 반이 졌구나. 아쉽다. 다음에는 축구 잘하는 수호를 꼭 데려가서 이기자.

 : 에이, 이번 경기는 두 반의 우정을 목표로 한 거였잖아. 누가 이기면 어때?

# 읽고 써 봐요

¤ **다음을 읽고 질문에 답하세요.**

## 친구들과 보낸 나의 반년

대한중학교 1학년 김안나

나는 대한중학교에 6개월을 다녔다. 지난 반년 동안 나는 학교에서 선생님과 한국어 공부를 많이 했다. 그리고 우리 반 친구들과 즐거운 시간을 함께 보내면서 우정을 나눴다.

학교에서 나는 친구들과 모둠 활동을 많이 한다. 반 친구들과 함께 체험 활동, 동아리 활동, 봉사 활동을 해 보았다. 그리고 댄스 동아리에 들어가자마자 발표회 연습에 참여하여 거리 공연을 같이 한 적도 있다.

나는 여가 시간에도 우리 반 친구들하고 같이 논다. 공원에서 자전거 타기, 전시회나 공연 관람하기, 영화 보러 가기도 반 친구들과 같이 하면 더 즐겁다.

어떤 친구들은 학교생활이 어렵다고 한다. 나는 그런 친구들에게 학교 친구들과 마음을 나누며 잘 지내면 학교생활이 더 쉬워진다고 꼭 말해 주고 싶다. 학교 친구들과 잘 지내면 학교생활이 더 쉬워진다고 말이다.

1. 읽은 내용과 같으면 ○, 다르면 ✕ 하세요.

   (1) 안나는 학교에서 동아리 활동을 했다.                    (          )

   (2) 안나는 여가 시간에 주로 집에서 지낸다.                  (          )

   (3) 안나는 학교 친구들과 잘 지내는 것이 어렵다.             (          )

2. 안나는 친구들과 무엇을 함께 했습니까?

3. 어떻게 하면 학교생활을 잘할 수 있습니까?

**새 표현**

체험 활동    모둠 활동    반년    여가 시간    지내다    기억    발표회    거리 공연

¤ 친구들과 함께한 추억이 있어요? 그것에 대해 써 보세요.

| 질문 | 내용 |
| --- | --- |
| 언제 | |
| 누구와 | |
| 어디에서 | |
| 인상 깊은 일 | |
| 기억에 남는 이유 | |

¤ 위의 표를 가지고 친구와 함께 '잊지 못할 추억'이란 주제로 글을 써 보세요.

# 05

## 저 책 정말 재미있나 보다

● 5과에서 무엇을 배우는지 알아봅시다.

더 배워요(선택)
**독서 활동**

꼭 배워요(필수)
**독서하기**

학습 도구(선택)
**5. 책 읽기**

학습 목표
다른 사람과 서로 정보를 교환할 수 있다.
작품을 감상한 소감을 말할 수 있다.

어휘 독서 관련 어휘
문법 -나 보다, -을 텐데,
     -으라고, -자고

**함께 이야기해 봐요**

1. 도서관을 이용해 본 적이 있어요? 도서관에서 주로 무엇을 해요?

2. 책을 읽고 친구들과 감상을 나눠 본 적이 있어요?

# 어휘를 배워요

● 도서관에서 무엇을 할 수 있어요?

무슨 책을 읽었어요? 책을 읽고 어떤 느낌이 들었어요?

대형, 도서, 목록,

벨, 열,

벌써, 꼼짝, 드디어,

놓다, 누르다

제목

저자

배경

인물

줄거리

감상

공감하다

감동이다

지루하다

# 문법을 배워요 1

① 와니는 지금도 책 읽고 있어?

② 응, 두 시간 동안 꼼짝도 안 하고 보고 있어.

③ 그래? 저 책 정말 재미있나 보다.

④ 그러게 말이야. 나도 나중에 한번 읽어 봐야겠다.

## –나 보다

앞의 말이 나타내는 사실을 추측함을 나타내는 표현.

와니가 전화를 안 받아. 벌써 자나 봐.

영수는 아는 것이 참 많아. 영수가 책을 많이 읽나 봐.

오늘 도서관이 문을 닫았어. 월요일에는 도서관이 쉬나 봐.

● '–나 보다'를 사용하여 〈보기〉와 같이 문장을 완성해 보세요.

〈보기〉    열이 나고 추운 걸 보니 감기에 걸렸나 봐요. (감기에 걸리다)

(1) 밖에 사람들이 우산을 쓰고 가네요. 지금 밖에 _____. (비가 오다)

(2) 아무리 벨을 눌러도 대답이 없어요. 집에 _____. (사람이 없다)

어떤 일을 보고 그 이유를 추측해 보세요. 그리고 '–나 보다'를 사용하여 말해 보세요.

# 문법을 배워요 2

① 와니야, 언제까지 볼 거야? 피곤할 텐데 이제 그만 봐.

③ 무슨 내용인데 그래?

② 나 조금만 더 볼래. 지금 제일 감동적인 부분을 보고 있어.

④ 주인공이 드디어 엄마를 만났어.

## -을 텐데

-ㄹ 텐데

앞에 오는 말에 대하여 말하는 사람의 강한 추측을 나타내면서 그와 관련되는 내용을 이어 말할 때 쓰는 표현.

비 오면 추울 텐데 옷을 하나 더 가지고 나가는 게 어때?

영수도 숙제 때문에 시간이 없을 텐데 내 일을 도와줘서 얼마나 고마운지 몰라.

책이 많아서 무거울 텐데 내가 같이 들어 줄까?

● '-을 텐데'를 사용하여 〈보기〉와 같이 문장을 완성해 보세요.

〈보기〉 호민이는 시험공부로 바쁠 텐데 함께 영화 보러 갈 수 있을까? (바쁘다)

(1) 혼자 정리하기 _____ 내가 도와줄까? (힘들다)

(2) 배가 많이 _____ 어서 먹어. (고프다)

어떤 일이 일어날 것 같다고 추측하면서 그 일 때문에 어떤 생각을 하거나 제안을 해요.
'-을 텐데'를 사용하여 친구에게 말해 보세요.

# 문법을 배워요 3

① 민우야, 요즘 무슨 책이 재미있어? 책 좀 추천해 줘.

② 선생님이 읽으라고 주신 도서 목록 있잖아. 거기에서 찾아봐.

③ 그 책들은 이미 다 읽었어.

④ 그럼 대형 서점의 인기 도서 목록을 확인하는 건 어때?

## –으라고

> –라고
>
> **다른 사람에게 들은 명령이나 권유 등의 내용을 간접적으로 전할 때 쓰는 표현.**
>
> 의사 선생님이 약을 먹고 푹 쉬라고 했어요.
>
> 반장이 이 책을 읽으라고 추천해 줬어.
>
> 어머니께서 날씨가 추우니까 옷을 따뜻하게 입으라고 하셨어요.

● '–으라고'를 사용하여 〈보기〉와 같이 이야기해 보세요.

〈보기〉
가: 유미야, 선생님께서 뭐라고 하셨어?
나: 꼭 교실 문을 닫으라고 말씀하셨어. (꼭 교실 문을 닫다)

(1) 게시판을 꾸미다

(2) 책을 책장에 꽂아 놓다

다른 사람이 한 명령을 친구에게 말해요. '–으라고'를 사용하여 말해 보세요.

# 문법을 배워요 4

① 이 책 읽어 봤어?

② 응, 읽어 봤어. 주제도 좋고 내용도 재미있어.

③ 그럼 회장한테 다음 시간에는 이 책으로 독서 토론을 하자고 해 볼까?

④ 그래, 좋은 생각이야.

## -자고

권유하거나 제안하는 말을 간접적으로 옮겨 전할 때 쓰는 표현.

친구들에게 떡볶이를 먹자고 했어요.
나는 세인이에게 주말에 같이 숙제를 하자고 했어요.
소연이가 나에게 독서 토론 대회에 같이 나가자고 했어.

● '-자고'를 사용하여 〈보기〉와 같이 문장을 완성해 보세요.

〈보기〉  정호에게 놀이공원에 같이 <u>가자고</u> 했어. (가다)

(1) 같이 자전거 타고 _____ 했어. (놀다)

(2) 나는 유미에게 주말에 같이 영화를 _____ 했어요. (보다)

어떤 일을 함께 할 것을 제안하는 말을 다른 사람에게 전달해요.
'-자고'를 사용하여 말해 보세요.

# 한국의 도서관을 가 보다

¤ **한국의 도서관에 대해 알아봐요.**

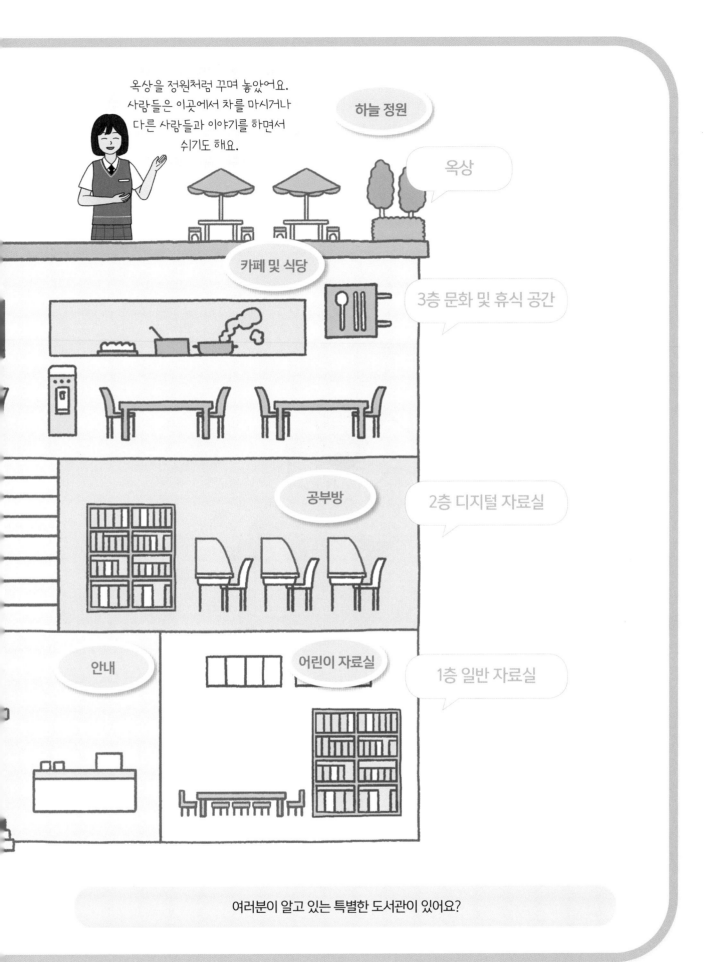

옥상을 정원처럼 꾸며 놓았어요.
사람들은 이곳에서 차를 마시거나
다른 사람들과 이야기를 하면서
쉬기도 해요.

하늘 정원

옥상

카페 및 식당

3층 문화 및 휴식 공간

공부방

2층 디지털 자료실

안내

어린이 자료실

1층 일반 자료실

여러분이 알고 있는 특별한 도서관이 있어요?

# 더 배워요

◉ 5과에서 무엇을 배우는지 알아봅시다.

더 배워요(선택)
**독서 활동**

꼭 배워요(필수)
**독서하기**

학습 도구(선택)
**5. 책 읽기**

학습 목표
편의 시설 이용 정보를 교환할 수 있다.
다른 사람들과 의견을 나눌 수 있다.
독서 감상문을 읽고 쓸 수 있다.

도서관에 들어가요.

오늘까지 책을
반납해야 해요.

**독서 활동**

책을 읽고 토론을 해요.

전에 읽은 책을 다시 읽어요.

**함께 이야기해 봐요**

1. 책을 읽은 후에 무슨 활동을 할 수 있을까요?

2. 독서 감상문에는 무슨 내용이 들어가요?

# 대화해 봐요 1

 도서관에서 책을 빌리려면 무엇이 필요할까요? ▨로 확인해 보세요.

 선영이와 호민이가 도서관에서 무엇을 하고 있을까요? 먼저 ▨로 확인해 보세요.

① 출입증 만들려면 먼저 발급 신청서를 써야 해. 전에는 시간이 좀 걸렸는데 이젠 신청서를 사서 선생님께 제출하면 출입증을 바로 받을 수 있다고 해.

② 그런데 사서 선생님이 많이 바빠 보이시는데? 한참 기다려야겠다.

③ 아니야. 저쪽에 있는 컴퓨터로도 신청이 가능해.

④ 이름하고 주소하고 연락처를 적으라고 하는 글 보이지? 이제 네가 직접 해 봐.

⑤ 아, 여기에? 알았어. 잠깐만 기다려.

⑥ 다 됐어. 여기 신청 누르면 되지?

⑦ 응. 이제 사서 선생님께 가서 출입증 받으면 돼.

⑧ 정말 고마워. 너도 할 일이 있었을 텐데 나 때문에 늦어져서 어떡해? 지금이라도 빨리 가야 되는 거 아냐?

⑨ 아니야. 난 지금 해도 안 늦어.

**▮▮ 질문에 답하세요.**

1. 내용과 같으면 ○, 다르면 ✕ 하세요.
   (1) 출입증을 만들려면 발급 신청서를 먼저 써야 합니다.　　　(　　　)
   (2) 출입증 발급은 컴퓨터로만 신청이 가능합니다.　　　　　(　　　)
   (3) 호민이와 선영이 둘 다 출입증을 만들었습니다.　　　　(　　　)

2. 여러분은 도서관 출입증을 만들어 봤어요? 뭐가 필요해요?

   ➡ _____

 호민이는 도서관에서 책을 몇 권 빌렸을까요?
로 확인해 보세요.

 전체 대화를
들어 보세요.

**▨ 활용하기**

책 반납에 대해 이야기하고 있어요.

 : 정호야, 오늘까지 책 반납해야 하는데 도서관이 쉬는 날이야. 어떻게 하지?

 : 괜찮아. 도서관이 쉬어도 무인 도서 반납기로도 반납이 가능해.
그리고 인터넷으로 신청하면 대출 기간을 연장할 수 있다고 해.

 : 그래? 몰랐어. 알려 줘서 고마워.

 : 아니야. 혹시 또 궁금한 거 있으면 물어봐.

대화해 봐요 2

 동아리 친구들이 모여 독서 토론회에서 토론할 책을 고르고 있어요.
▦로 확인해 보세요.

 소연이는 책을 읽고 어떤 느낌을 받았어요.
먼저 ▦로 확인해 보세요.

① 소연아, 〈어린 왕자〉네. 이거 옛날에 다 읽은 책 아니야?

② 응. 민우가 이번 독서 토론회에서는 전에 읽은 책을 다시 읽고 토론해 보자고 해서.

③ 어린 왕자하고 장미, 여우가 나오는 이야기 아니야?

④ 맞아. 전에 읽을 때는 숙제로 급하게 읽는 바람에 깊이 생각을 못 했는데 다시 읽어 보니 사람 사이의 관계의 중요성을 알려 주는 내용인 것 같아.

⑤ 다시 읽으니 새로운 감동이 생기나 보다.

⑥ 응. 별을 떠나 세상을 여행한 결과, 왕자는 별과 장미의 소중함을 깨닫게 되잖아. 주변 사람에 대한 소중함까지 생각하게 되니 다른 책을 보는 느낌이야.

**새 표현**

장미   여우   별   소중하다   깨닫다   주변
떠나다   세상   중요성   -은 결과

**질문에 답하세요.**

1. 내용과 같으면 ○, 다르면 × 하세요.

    (1) 소연이는 지금 이 책을 처음 읽고 있습니다.                 (        )

    (2) 소연이는 민우와 같이 독서 토론회를 할 것입니다.         (        )

    (3) 세인이는 소연이가 읽고 있는 책의 내용을 알고 있습니다.   (        )

2. 여러분은 전에 읽은 책을 다시 읽어 본 적이 있어요? 다시 읽으니 어떤 느낌이에요?

    ➡ _____

소연이와 영수가 책에 대해 이야기해요.
🔲로 확인해 보세요.

 전체 대화를 들어 보세요.

**활용하기**

세인이가 <흥부전>을 읽고 느낀 점에 대해 이야기하고 있어요.

 : <흥부전> 알지? 어릴 때는 놀부만 나쁘다고 생각했는데 지금은 흥부도 다 잘한 것은 아니라는 생각을 했어.

 : 나도 전에 읽을 때는 잘 몰랐는데 다시 보니 능력이 없는 사람인 것 같아.

 : 놀부의 입장에서 책을 읽으니 흥부의 행동이 참 답답하다는 생각이 들었어.

 : 난 흥부 가족의 입장이 되어 다시 책을 읽어 보니 다른 책을 읽는 느낌이었어.

# 읽고 써 봐요

¤ 다음을 읽고 질문에 답하세요.

## 〈상록수〉를 읽고

1학년 2반 이민우

지난주에 선생님께서 꼭 한번 읽어 보라고 추천해 주셔서 소설 〈상록수〉를 읽어 보았다. 상록수의 배경은 1930년대의 시골 마을이다. 그때 대부분의 사람들은 힘들게 살고 있었다. 상록수의 주인공은 자기 사는 것도 힘들었을 텐데 시골의 아이들의 교육을 위해 열심히 노력했다. 주변 사람들이 방해해도 포기하지 않고 열심히 아이들을 가르쳤고, 가난하여 공부하기 어려운 상황의 아이들도 포기하지 않고 열심히 배웠다. 서로 믿고 사랑하는 마음 때문에 소설의 주인공이 죽었을 때 소설 속의 아이들처럼 나도 울고 말았다.

만약 내가 상록수의 주인공이면 어떻게 했을까? 만약 내가 상록수의 아이들처럼 가난하여 배울 수 없는 상황이면 어떻게 했을까? 〈상록수〉를 읽으면서 나는 지금 내가 마음껏 배울 수 있는 것에 감사함을 느꼈다. 앞으로 나도 주인공처럼 용기 있는 선생님이 되고 싶다.

1. 읽은 내용과 같으면 ○, 다르면 ✕ 하세요.

  (1) 주변 사람들의 방해 때문에 많은 아이들은 공부를 포기했다. ( )

  (2) 〈상록수〉는 1930년대를 배경으로 하고 있다. ( )

  (3) 주인공은 힘든 상황에서 시골의 아이들을 가르쳤다. ( )

2. 이 사람은 책을 읽고 무엇을 느꼈습니까?

3. 독서 감상문에는 무슨 내용이 들어갑니까?

¤ 지금까지 읽은 책 중에서 기억에 남는 책이 있어요? 그 책에 대해 써 보세요.

| 제목 | 저자 |
|------|------|
| 등장인물 | 배경 |

| 인상적인 부분 | 나의 생각과 느낌 |
|------|------|

¤ 책 한 권을 골라 의견을 나누고, 독서 감상문을 써 보세요.

제목 :

_____ 학년 _____ 반   이름 _____

# 06

## 파일을 다운로드하는 중이야

● 6과에서 무엇을 배우는지 알아봅시다.

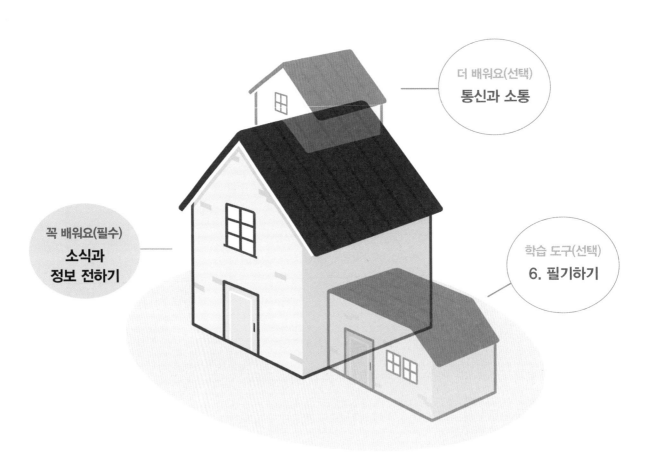

더 배워요(선택)
**통신과 소통**

꼭 배워요(필수)
**소식과
정보 전하기**

학습 도구(선택)
**6. 필기하기**

학습 목표
상대방에게 어떤 일에 참여할 것을 부탁할 수 있다.
어떤 일을 다른 사람에게 안내할 수 있다.

어휘 통신 관련 어휘
문법 -고 나다, -는 중이다,
　　 -는다면, -을 수밖에 없다

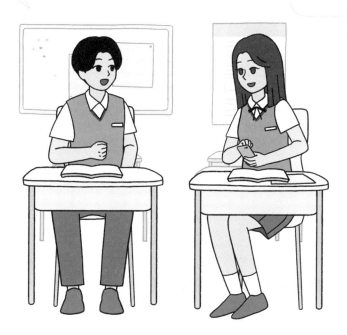

## 함께 이야기해 봐요

1. 한국어로 문자 메시지를 보낼 수 있어요?

2. 한국어로 인터넷을 사용할 때 어떤 점이 어려워요?

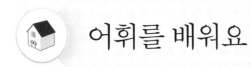

# 어휘를 배워요

● 인터넷을 어떻게 이용해요?

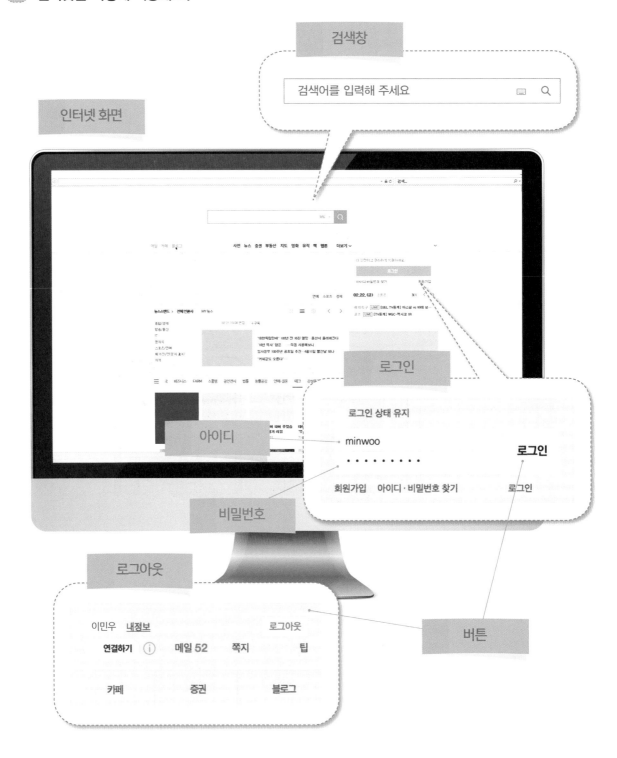

검색창

검색어를 입력해 주세요

인터넷 화면

로그인

로그인 상태 유지

아이디

minwoo

로그인

........

회원가입    아이디·비밀번호 찾기        로그인

비밀번호

로그아웃

이민우    내정보                    로그아웃

연결하기  ⓘ    메일 52    쪽지        팁

카페            증권          블로그

버튼

● 인터넷에서 어떤 활동을 해요?

파일

올리다

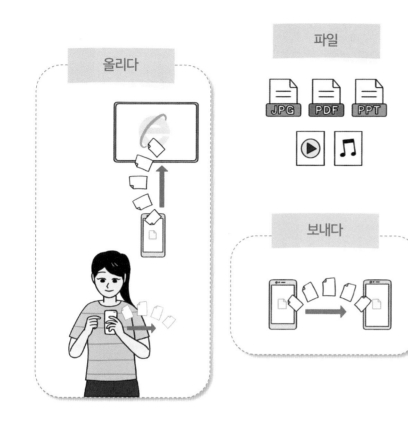

다운로드하다
(내려받다)

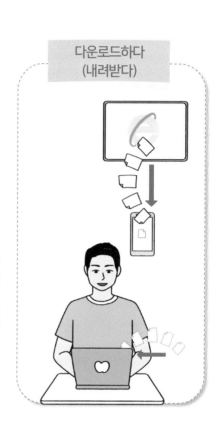

보내다

공유하다

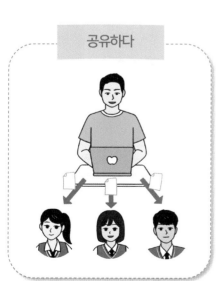

소식을 주고받다

동영상, 범위, 빈자리,
사용법, 서비스, 설명서,
수도, 수도꼭지, 새벽,
온라인, 응급실, 새로,
맞다, 불만족스럽다

# 문법을 배워요 1

① 스마트폰 샀어?

② 응. 새로 샀는데 아직 사용법을 잘 모르겠어. 설명서가 너무 어려워.

③ 그럼 온라인에서 사용법을 찾아봐. 동영상으로 볼 수 있어.

④ 아, 인터넷에서 먼저 보고 나서 설명서를 다시 보면 되겠다. 고마워.

## -고 나다

**앞에 오는 말이 나타내는 행동이 끝났음을 나타내는 표현.**

한국어를 배우고 나면 한국을 더 잘 알게 될 거예요.
화장실을 사용하고 나서 불을 꺼 주세요.
이메일로 파일을 보내고 나서 꼭 전화해 주세요.

● '-고 나다'를 사용하여 〈보기〉와 같이 문장을 완성해 보세요.

> 〈보기〉    수도를 <u>쓰고 나서</u> 수도꼭지를 꼭 잠그세요.(쓰다)

(1) 방 청소를 다 _____ 놀아라. (끝내다)

(2) 동생 숙제를 _____ 네 것도 도와줄게. (봐 주다)

어떤 일이 끝난 다음에 무엇을 해요? '-고 나다'를 사용하여 말해 보세요.

# 문법을 배워요 2

① 와니야, 안 가고 뭐 해?

② 학교 홈페이지에 접속해서 파일을 다운로드하는 중이야. 그런데 다운로드 속도가 너무 느려.

③ 여기 인터넷이 느려서 그런가 봐. 이따가 집에 가서 해 봐.

④ 그래야겠다.

## –는 중이다

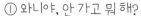

**어떤 일이 진행되고 있음을 나타내는 표현.**

반 홈페이지에 글을 올리는 중이에요.

동생은 지금 세수하는 중이에요.

과제를 위해서 친구들과 함께 자료를 조사하는 중이에요.

● '–는 중이다'를 사용하여 〈보기〉와 같이 이야기해 보세요.

〈보기〉
가: 와니야, 컴퓨터 다 사용했어? 얼마나 기다려야 해?
나: 응, 잠깐만. 지금 메일을 보내는 중이야. 조금만 기다려 줘. (메일을 보내다)

(1) 이메일 비밀번호를 잊어버려서 찾다

(2) 자료를 검색하다

지금 무엇을 하고 있어요? '–는 중이다'를 사용하여 말해 보세요.

# 문법을 배워요 3

① 나나야, 방금 네 휴대 전화로 찍은 사진 지금 나한테 좀 보내 줘.

② 응, 알았어. 지금 바로 보내 줄게.

③ 와! 우리 사진 정말 잘 나왔다. 너만 괜찮다면 우리 반 인터넷 게시판에 올리고 싶어.

④ 응, 난 괜찮아. 올리고 싶으면 올려.

## ㅡ는다면

ㅡㄴ다면, ㅡ다면

**어떠한 사실이나 상황을 가정하는 뜻을 나타내는 연결 어미.**

이 일에 찬성한다면 큰 박수를 보내 주세요.
이 글이 마음에 든다면 '좋아요'를 눌러 주세요.
생일날 새 휴대 전화를 선물로 받는다면 얼마나 좋을까?

● '-는다면'을 사용하여 〈보기〉와 같이 문장을 완성해 보세요.

〈보기〉 비가 많이 <u>온다면</u> 나는 산에 안 갈 거야. (오다)

(1) 시험 범위를 모르는데 누가 _____ 좀 알려 줘. (알다)

(2) 서비스가 _____ 게시판에 글을 올려 주세요. (불만족스럽다)

어떤 일을 하려고 해요. 그 일의 조건이나 상황을 '-는다면'을 사용하여 말해 보세요.

# 문법을 배워요 4

① 정호야, 무슨 일 있어? 너 왜 계속 휴대 전화를 봐?

② 과제 때문에 친구들과 연락하기로 해서 휴대 전화를 자주 확인할 수밖에 없어.

③ 우리 이야기하는 중이잖아. 미안하지만 나랑 얘기하는 동안은 휴대 전화를 안 보면 안 될까?

④ 알았어. 그럴게.

## –을 수밖에 없다

–ㄹ 수밖에 없다

**그것 말고는 다른 방법이나 가능성이 없음을 나타내는 표현.**

약속에 늦어서 택시를 탈 수밖에 없다.

기차에 빈자리가 별로 없어서 친구와 따로 앉을 수밖에 없었어.

연락처를 몰라서 문 앞에 메모를 붙이고 올 수밖에 없었어.

⬤ '–을 수밖에 없다'를 사용하여 〈보기〉와 같이 문장을 완성해 보세요.

〈보기〉   부모님이 안 계셔서 내가 오늘 집에서 동생을 <u>돌볼 수밖에 없었어요</u>. (돌보다)

(1) 비가 오는데 우산이 없어서 그냥 ＿＿＿＿＿＿＿＿. (비를 맞다)

(2) 새벽에 배가 많이 아파서 ＿＿＿＿＿＿＿＿. (응급실에 가다)

그 한 가지 방법 말고 없어요. '–을 수밖에 없다'를 사용하여 말해 보세요.

# 한국의 통신 문화를 만나다

¤ 문자 메시지를 보내거나 인터넷에서 글을 쓸 때 자주 쓰는 표현을 알아봐요.

'~'는 말을 길게 늘리거나 부드럽게 말하는 느낌을 표현해요.

'ㄷㄷ'은 '덜덜'의 초성 글자예요. 무섭거나 놀라서 떨고 있는 모양을 표현해요.

'ㅇㅇ'은 '응응'의 초성 글자예요. '응'하고 대답하는 거예요.

'ㅋㅋ'은 '크크'의 초성 글자예요. 웃는 소리를 표현해요.

'ㅈㅅ'은 '죄송'의 초성 글자예요. 죄송하다고 하는 거예요.

'ㅇㅋ'은 '알았어'라는 의미예요. 영어의 'Okay' 발음인 '오케이'를 줄여서 '오키'라고 한 것의 초성 글자예요.

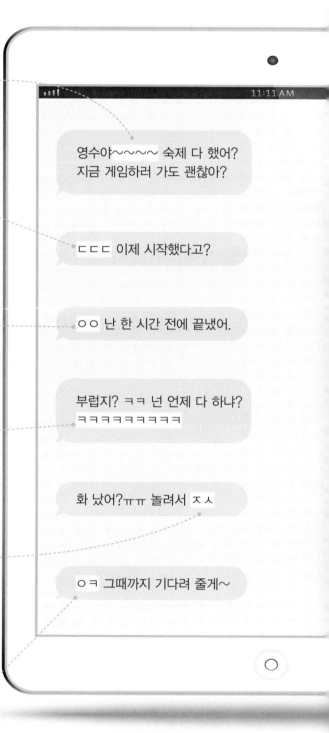

영수야~~~~ 숙제 다 했어? 지금 게임하러 가도 괜찮아?

ㄷㄷㄷ 이제 시작했다고?

ㅇㅇ 난 한 시간 전에 끝냈어.

부럽지? ㅋㅋ 넌 언제 다 하냐? ㅋㅋㅋㅋㅋㅋㅋㅋㅋ

화 났어?ㅠㅠ 놀려서 ㅈㅅ

ㅇㅋ 그때까지 기다려 줄게~

'ㄴㄴ'은 'No'의 발음인 '노'의 초성 글자예요.
'아니다, 그렇지 않다'라는 의미예요.

':;'은 '땀'을 흘리는 모습을 표현한 거예요.
당황스럽거나 곤란하다는 의미예요.

'ㅠㅠ, ㅜㅜ'는 눈물을 흘리는
표정을 표현해요.

'(*_*)', 놀란 표정을 표현한 거예요.

'ㅡㅡ'는 불만스럽거나
화가 난다는 표정을 의미해요.

'ㅎㅎ'는 '하하, 호호, 흐흐'와 같이
웃음 소리를 표현해요.

'^^', 웃는 표정을 표현한 거예요.
'^-^'처럼 사용하기도 해요.

'ㄱㅅ'은 '감사'의 초성 글자예요.
고맙다는 의미예요.

11:11 AM                    100% ▭

ㄴㄴ 지금 하고 있어.
방금 시작했어;;

응ㅠㅠ 넌 다 했어?ㅜㅜ

벌써? (*_*)

ㅡㅡ

ㅎㅎ아니야 ㅎㅎㅎㅎㅎㅎ
숙제 끝나면 전화할게 ^^

ㄱㅅㄱㅅ

여러분은 문자 메시지를 보내거나 인터넷을 할 때 쓰는 재미있는 표현을 알아요?

# 더 배워요

○ 6과에서 무엇을 배우는지 알아봅시다.

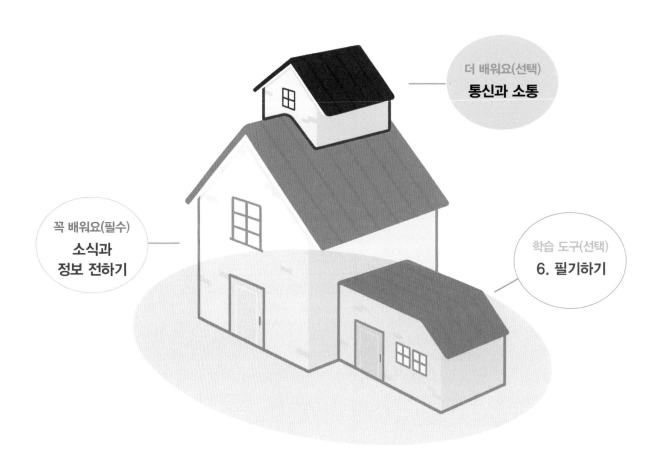

더 배워요(선택)
**통신과 소통**

꼭 배워요(필수)
**소식과
정보 전하기**

학습 도구(선택)
**6. 필기하기**

학습 목표

도움이 필요할 때 다른 사람에게 정중하게 부탁할 수 있다.
다른 사람이 잘 모르고 있는 부분에 대해서 안내할 수 있다.
기자단을 모집하는 글을 읽고 이해할 수 있다.
재미있거나 특별한 일에 대한 기사를 쓸 수 있다.

통신과 소통

노트북이 고장 나서
서비스 센터에 가야 해요.

문자 메시지나 인터넷에서
사용하는 표현에 대해
물어봐요.

이모티콘을 사용해서
문자 메시지를 써요.

인터넷에서 구매한 옷에 대해
이야기해요.

함께 이야기해 봐요

1. 학교 신문 기자단은 무슨 일을 할까요?

2. 신문 기사를 쓸 때 무슨 내용이 들어가야 해요?

# 대화해 봐요 1

 선영이가 무엇을 빌리려고 해요? ▨로 확인해 보세요.

 선영이는 호민이에게 어디에 같이 가자고 했을까요? 먼저 ▨로 확인해 보세요.

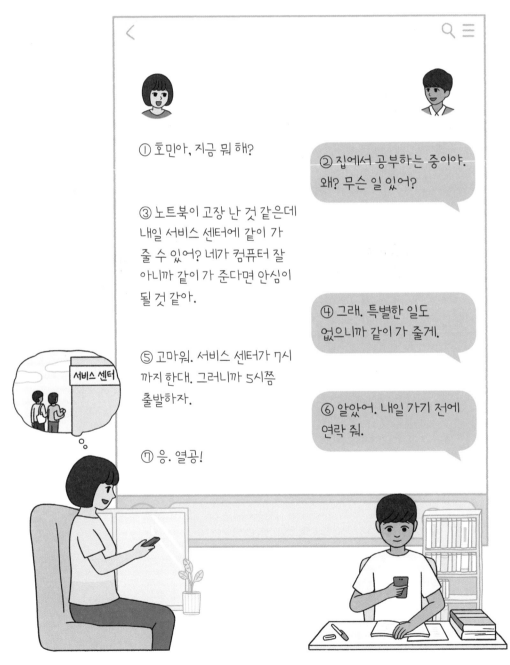

**▮▮ 질문에 답하세요.**

1. 내용과 같으면 ○, 다르면 ✕ 하세요.

   (1) 호민이는 지금 집에 있습니다.                  (        )

   (2) 선영이와 호민이는 내일 5시에 만날 겁니다.    (        )

   (3) 서비스 센터는 7시에 문을 닫습니다.          (        )

2. 여러분은 친구하고 같이 가고 싶은 장소가 있어요?

   ➜ _____

 ▶▶

 두 사람은 왜 서비스 센터에 가지 않았을까요?
🔲로 확인해 보세요.

 전체 대화를 들어 보세요.

**▨ 활용하기**

**호민이에게 온 문자 메시지에 대해 이야기하고 있어요.**

 : 선영아, 친구가 'ㅇㅇ'이라고 답장을 보냈어.
이게 무슨 뜻인지 모르겠는데 가르쳐 줄 수 있어?

 : 아, 그건 '응응'을 줄여서 쓴 건데 '알았어'라는 뜻이야.

 : 그렇구나. 그렇게 줄여서 쓰기도 하는구나.

 : 응. 문자 메시지를 빨리 보내려고 그렇게 쓰는 거야.

 : 그런 게 또 있어? 네가 몇 개 알려 준다면 나도 문자 메시지 보낼 때 쓸 수 있을 것 같아.

# 대화해 봐요 2

 친구들이 지금 어디에서 이야기하고 있어요? ▨로 확인해 보세요.

 친구들이 수호의 기분이 왜 안 좋다고 생각했을까요? 먼저 ▨로 확인해 보세요.

① 수호야, 친구들이 너 왜 그렇게 기분이 안 좋냬.

② 아니. 아무 일도 없었는데, 왜?

③ 친구들이 어제 네가 보낸 메시지를 보고 나서 화가 났다고 느낀 것 같아.

④ 그래? 애들이 왜 그렇게 오해를 했지?

⑤ 어제 네가 보낸 메시지가 너무 딱딱해서 그래. 문자 메시지로는 얼굴 표정이나 목소리를 확인할 수 없으니까 오해가 생길 수밖에 없는 것 같아. 앞으로 메시지를 쓸 때는 이모티콘을 같이 써 봐.

⑥ 아, 그렇게 생각할 수도 있었겠구나.

**질문에 답하세요.**

1. 내용과 같으면 ○, 다르면 ✕ 하세요.

(1) 수호는 어제 친구들에게 이모티콘을 잘못 보냈습니다. 　　　(　　　　)

(2) 수호는 어제 친구들에게 화가 났었습니다. 　　　(　　　　)

(3) 수호와 친구들 사이에 오해가 있었습니다. 　　　(　　　　)

2. 여러분이 무슨 이모티콘을 자주 사용해요?

➡ _____

 수호는 나나에게 왜 문자 메시지를 보냈어요?
▦ 로 확인해 보세요.

 전체 대화를 들어 보세요.

▨ **활용하기**

**인터넷에서 구매한 옷에 대해 이야기를 하고 있어요.**

 : 지난주에 인터넷으로 산 옷 어때? 마음에 들어?

 : 디자인은 마음에 드는데 사이즈가 좀 커. 인터넷으로는 입어 보고 살 수가 없으니까 딱 맞는 옷을 사려면 역시 직접 가게에 가서 살 수밖에 없는 것 같아.

 : 아니야. 인터넷으로도 맞는 옷을 살 수 있어. 사이즈를 정확하게 모를 때는 구매 후기를 확인해 봐.

# 읽고 써 봐요

¤ **다음을 읽고 질문에 답하세요.**

---

### 학교 신문 기자단을 모집합니다

대한중학교 신문부에서 기자단을 모집하는 중입니다. 기자단이 되면 우리 신문을 통해 학교에 대한 의견과 생활 이야기를 전할 수 있습니다. 또한 소중한 추억도 만들 수 있을 것입니다. 많이 신청해 주시기 바랍니다.

-모집 기간: 3월 20일 ~ 25일
-모집 대상: 대한중학교 학생
-모집 인원: 5명

-활동 기간:
20＊＊년 4월 1일 ~ 12월 31일, 매주 금요일 오후에 정기 모임 있음.

-활동 내용:
교내 행사 사진 올리기, 홈페이지 관리하기, 좋은 의견 추천하기, 학생 활동 소개하기 등

-신청 방법:
기자단 신청서를 작성하고 나서 학교 메일(daehan@ms.or.kr)로 제출.

---

1. 읽은 내용과 같으면 ○, 다르면 ✕ 하세요.

   (1) 기자단은 5일 동안 모집한다. ( )

   (2) 대한중학교 학생은 누구나 신청할 수 있다. ( )

   (3) 신청서는 신문부에 직접 가서 내야 한다. ( )

2. 대한중학교 학교 신문에서는 무슨 내용을 전달합니까?

3. 학교 신문부에 들어가면 어떤 일을 합니까?

**새 표현**

기자단   답글   댓글   신문   신문부   전달하다

¤ 최근 우리 학교에서 재미있거나 특별한 일이 있었어요? 그 일에 대해서 써 보세요.

| | |
|---|---|
| 언제 | |
| 어디에서 | |
| 누가 | |
| 어떻게 | |
| 왜 | |

¤ 위의 내용을 바탕으로 우리 학교 인터넷 신문 기사를 써 보세요. 그리고 친구와 서로
바꾸어 댓글을 써 보세요.

**오늘의 기사**

제목: _____

_____

_____

_____

_____

전체 댓글 수 1                          최신순   공감순   반대순

월 일 _____          👍①  👎⓪

_____

답글                                    공유된 SNS

## 07 경치가 정말 멋지고 볼거리가 다양하거든

● 7과에서 무엇을 배우는지 알아봅시다.

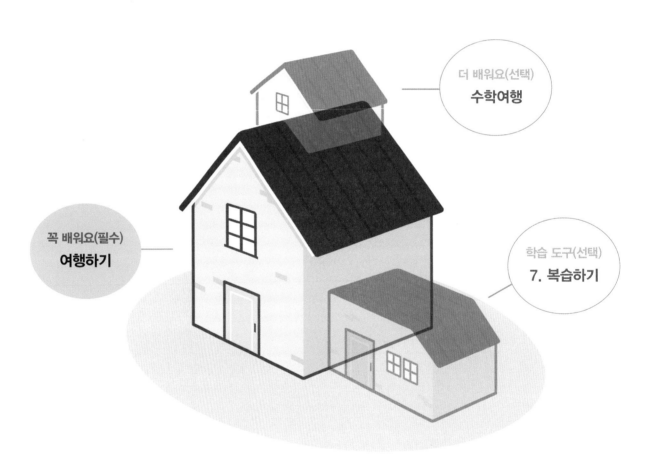

더 배워요(선택)
**수학여행**

꼭 배워요(필수)
**여행하기**

학습 도구(선택)
**7. 복습하기**

**함께 이야기해 봐요**

1. 여러분은 여행을 가기 전에 무엇을 해요?

2. 여행을 가서 무엇을 해요?

# 어휘를 배워요

● 여행의 종류를 알아봐요.

자유 여행          단체 여행          배낭여행

● 여행을 가기 전에 무엇을 준비해야 돼요?

짐을 싸다

세면도구

여행 안내서

비상약

경비

### 발음

비상약[비상냑]    볼거리[볼꺼리]    먹을거리[머글꺼리]    멋지다[먿찌다]
잇다[읻따]    젖다[젇따]

⬤ 여행지에 대한 정보를 알아봐요.

숙소

민박          호텔

볼거리          먹을거리          기념품

경치가 멋지다

꽃밭, 박, 올림픽, 정문,
주인아주머니, 천년,
기대하다, 빠뜨리다,
아끼다, 입원하다, 젖다,
체하다, 심하다, 저렴하다

# 문법을 배워요 1

① 정호야, 지금 뭘 그렇게 적고 있어?

② 수학여행 갈 때 필요한 물건들을 메모하고 있어. 혹시 빠뜨리고 가는 게 있을까 봐.

③ 꼭 메모를 해야 해? 그냥 챙겨도 될 것 같은데.

④ 아니야. 이렇게 메모하지 않으면 불안해. 지난번에도 세면도구를 챙기는 걸 잊어버려 가지고 여행지에서 새로 샀거든.

## –어 가지고

–아 가지고, –여 가지고

**앞의 말이 나타내는 행동 또는 상태가 뒤의 말의 원인이나 이유임을 나타내는 표현.**

지갑을 잃어버려 가지고 집까지 걸어갔어.

늦게 일어나 가지고 지각했어요.

사고 싶은 노트북이 생각보다 비싸 가지고 살 수가 없어요.

● '–어 가지고'를 사용하여 〈보기〉와 같이 문장을 완성해 보세요.

〈보기〉  운동을 심하게 해 가지고 제대로 못 걷겠어요. (운동을 심하게 하다)

(1) 버스를 너무 _____ 멀미가 났어요. (오래 타다)

(2) 밥을 너무 _____ 체했어요. (급하게 먹다)

그 일이 왜 일어났어요? '–어 가지고'를 사용하여 말해 보세요.

# 문법을 배워요 2

① 소연아, 너 경주에 가 봤어? 난 처음이야.

② 경주는 나도 이번이 처음이야.

③ 어떤 곳인지 궁금하지 않아? 역사가 굉장히 오래됐대.

④ 맞아. 천년의 역사를 이어 온 도시래.

## -어 오다

-아 오다, -여 오다

앞의 말이 나타내는 행동이나 상태가 어떤 기준점으로 가까워지면서 계속 진행됨을 나타내는 표현.

드디어 기대해 온 배낭여행을 갈 수 있게 되었어요.
몇 달 동안 기다려 온 올림픽 경기를 직접 관람할 수 있어서 기뻐요.
김지영 선생님은 지금까지 많은 학생들을 가르쳐 왔어요.

● '-어 오다'를 사용하여 〈보기〉와 같이 문장을 완성해 보세요.

〈보기〉 1년 동안 친하게 <u>지내 온</u> 친구가 이사를 갔어요. (지내다)

(1) 몇 달 동안 _____ 돈을 잃어버렸어요. (모으다)
(2) 우리가 이 고양이를 삼 년 동안 _____. (키우다)

여러분은 과거부터 지금까지 계속 진행하고 있는 일이 있어요? '-어 오다'를 사용하여 말해 보세요.

# 문법을 배워요 3

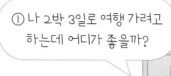

① 나 2박 3일로 여행 가려고 하는데 어디가 좋을까?

② 강릉에 한번 가 봐. 경치가 정말 멋지고 볼거리가 다양하거든.

③ 그래? 서울에서 강릉까지 얼마나 걸려?

④ 자동차로는 3시간 정도 걸리고 KTX를 타면 2시간 정도 걸려.

## -거든(요)

**앞의 내용에 대해 말하는 사람이 생각한 이유나 원인, 근거를 나타내는 종결 어미.**

여행지에 도착하면 부모님께 전화를 드려야 해. 안 그러면 걱정하시거든.
정호는 인기가 많아. 생각도 깊고 마음도 넓거든.
나는 정문 앞에 있는 분식집에 자주 가. 음식 가격이 아주 저렴하거든.

● '-거든(요)'을 사용하여 〈보기〉와 같이 이야기해 보세요.

| 보기 | 가: 왜 <u>교통수단이 편리한 장소가 좋아</u>? (교통수단이 편리한 장소가 좋다)<br>나: <u>시간을 아낄 수 있거든</u>. (시간을 아낄 수 있다) |
|---|---|

(1) 아버지 생신 선물로 음악 CD를 사다, 아버지께서 음악을 좋아하시다

(2) 저녁을 안 먹다, 빵을 먹어서 배가 안 고프다

여러분은 어디를 여행하고 싶어요? 왜 그곳을 여행하고 싶어요? '-거든(요)'을 사용하여 말해 보세요.

# 문법을 배워요 4

① 이 가게 앞에는 왜 이렇게 사람들이 길게 줄을 서 있어?

② 이 지역에서 제일 유명한 빵집이래. 우리도 여기에서 빵 살까?

③ 좋은 생각이야. 나 아직 가족들에게 줄 선물을 못 샀거든.

④ 그럼, 빨리 가서 우리도 줄 서자. 이러다가 못 사겠어.

## -어 있다

-아 있다, -여 있다

**앞의 말이 나타내는 상태가 계속됨을 나타내는 표현.**

양말이 아직도 젖어 있어요.

식당 앞에 많은 사람들이 앉아 있어요.

할아버지께서 병원에 입원해 계세요.

● '-어 있다'를 사용하여 〈보기〉와 같이 문장을 완성해 보세요.

〈보기〉  아직도 음식이 많이 남아 있어요. (음식이 많이 남다)

(1) 꽃밭에 아름다운 ＿＿＿＿＿＿ . (꽃이 피다)

(2) 이 숙소에는 ＿＿＿＿＿＿ . (수건이 준비되다)

현재 교실의 상태가 어때요?  '-어 있다'를 사용하여 말해 보세요.

# 한국 중고등학교의 교외 활동을 들여다보다

¤ 한국의 중고등학생들이 가는 체험 활동 장소에 대해 알아봐요.

한국에는 역사가 오래되고 가치가 높은 유적지나 문화재가 많이 있어요. 많은 유적지나 문화재가 유네스코 세계 문화유산으로 등재되어 있어요. 한국의 학생들은 소풍이나 수학여행 등 야외 체험 활동이 있으면 이런 문화유산을 보러 가요.

⑫ 백제역사유적지구

① 창덕궁

② 종묘

③ 남한산성

④ 고창·화순·강화 고인돌 유적지

⑪ 조선왕릉

⑩ 수원 화성

⑨ 한국의 역사 마을 '안동 하회·경주 양동'

⑤ 제주 화산섬과 용암 동굴

⑥ 해인사 장경판전

⑦ 경주역사유적지구

⑧ 석굴암·불국사

¤ **수련회에 대해 알아봐요.**

> 수련회는 학교나 기관 등 단체에서 몸과 마음을 튼튼하게 하기 위해서 가까운 산이나 바다에 가는 것을 말해요. 보통 여름에 1박 2일로 가요.

수련회 숙소

단체 사진

협동심을 기르기 위해 다른 사람들과 다양한 훈련도 하고 게임도 해요. 그리고 밥도 함께 만들어 먹고 큰 방에서 함께 잠을 자요.

수련 활동

여러분은 어디에 가서 무슨 활동을 하고 싶어요?

# 07 더 배워요

● 7과에서 무엇을 배우는지 알아봅시다.

더 배워요(선택)
**수학여행**

꼭 배워요(필수)
**여행하기**

학습 도구(선택)
**7. 복습하기**

멀미를 해요.

일기 예보를 보니까 수학여행을 가는 날 비가 와요.

수학여행

첨성대에 가는 방법을 물어봐요.

학생증이 있으면 할인을 해 줘요.

함께 이야기해 봐요

1. 여행을 다녀온 뒤 어떤 느낌이 들어요?

2. 기억에 남는 여행지는 어디예요?

# 대화해 봐요 1

영수는 지금 무슨 짐을 챙기고 있어요? 로 확인해 보세요.

영수는 지금 무엇을 찾고 있어요? 먼저 로 확인해 보세요.

② 아침에 늦게 일어나 가지고 멀미약 먹는 걸 깜빡했어. 그런데 안 보이네. 분명히 가방에 넣었는데 이상하다.

① 영수야, 뭘 그렇게 찾고 있어?

④ 아무래도 안 챙겼나 봐. 나는 멀미가 심한 편인데 괜찮을지 모르겠어.

③ 천천히 잘 찾아 봐.

⑦ 아니, 난 안 해. 그런데 혹시 멀미약이 필요한 친구들이 있을까 봐 챙겨왔어. 지금 먹어. 버스 타기 10분 전에는 먹으래. 다른 약도 필요하면 말해. 비상약을 이것저것 챙겨왔거든.

⑥ 정말? 너도 멀미해?

⑤ 잠깐만 기다려 봐. 나한테 있으니까 줄게.

⑧ 와, 역시 반장이 최고야.

■■ 질문에 답하세요.

1. 내용과 같으면 ○, 다르면 × 하세요.

(1) 영수는 아침에 일찍 일어났습니다.                    (          )

(2) 선영이는 멀미가 심한 편입니다.                      (          )

(3) 선영이는 여러 종류의 비상약을 챙겨 왔습니다.        (          )

2. 여러분은 친구들과 여행을 갈 때 무엇을 준비해요?

→ _____

 친구들이 왜 계속 선영이를 찾아요?
로 확인해 보세요.

 전체 대화를 들어 보세요.

▨ **활용하기**

와니와 정호가 수학여행 가는 날의 날씨에 대해 이야기하고 있어요.

 : 일기 예보를 보니까 수학여행 가는 날 비가 온대. 어쩌지?

 : 비가 오면 활동하기 불편한데 괜찮을지 모르겠어.

 : 맞아. 우산도 계속 들고 다녀야 하고.

 : 난 비가 올까 봐 미리 비옷을 준비해 놨어.

 : 아, 그래? 나도 비옷을 사야겠다.

수학여행을 어디로 가요? ▦로 확인해 보세요.

민우가 어디에서 사진을 찍자고 했어요? 먼저 ▦로 확인해 보세요.

① 수호야, 여기서 2시간 동안 자유 시간 준대. 우리 뭐 할까?

② 민우가 첨성대 가재.

④ 예전에 별을 관찰한 곳이래. 옛날 사람들은 별을 보고 많은 것을 예측했대. 지금도 예전 모습 그대로 남아 있대.

③ 그래? 첨성대가 뭐 하는 곳인데?

⑤ 정말 오랜 시간 동안 경주의 역사와 함께해 왔네. 그런데 첨성대는 어떻게 가는지 알아?

⑥ 버스로 한 정거장만 가면 되나 봐. 아니면 걸어가도 되고.

**질문에 답하세요.**

1. 맞으면 ○, 틀리면 X 하세요.

　(1) 수호는 첨성대에 있습니다.　　　　　　(　　　　)

　(2) 첨성대는 별을 관찰하는 곳입니다.　　　(　　　　)

　(3) 지금은 자유 시간입니다.　　　　　　　(　　　　)

2. 여러분은 어디로 수학여행을 가고 싶어요?

➡ _____

 수호는 무엇이 가장 기억에 남았을까요?

로 확인해 보세요.

 전체 대화를 들어 보세요.

**활용하기**

**선영이와 민우가 박물관 입장권 할인에 대해 이야기하고 있어요.**

 : 민우야, 여기 박물관 입장권은 어떻게 할인받는지 알아?

 : 학생증이 있으면 할인을 해 주나 봐. 아니면 열 명 이상이 같이 사도 되고.

 : 아, 그래? 너 학생증 있어?

 : 안 가져왔어. 조금 기다려서 친구들이 오면 같이 사자.

# 읽고 써 봐요

¤ **다음을 읽고 질문에 답하세요.**

## 경주를 다녀와서

1학년 2반 이민우

학교에서 수학여행으로 2박 3일 경주에 갔다 왔다. 친구들과 처음 가는 여행이어서 밤에 잠을 제대로 못 자고 출발했다. 하지만 기분은 좋았다. 첫날 먼저 간 곳은 경주 박물관이었다. 경주 박물관에는 여러 유물들이 있었다. 교과서와 텔레비전에서만 봐 온 유물들을 직접 보니 정말 화려하고 신기했다. 수학여행 중 가장 기억에 남는 곳은 불국사였다. 불국사는 산에 있는 절로 유네스코 세계 문화유산으로 보호되어 있다. 불국사까지 가는 길은 경치도 아름답고 산책하기도 좋아서 많은 관광객들로 붐볐다. 불국사의 제일 높은 곳에 올라가서 바라본 석가탑과 다보탑은 정말 인상적이었다.

이번 수학여행은 역사 시간에 배운 문화재를 직접 눈으로 볼 수 있는 좋은 기회였다. 책에서 보는 것과 다른 감동의 시간이었다. 문화재를 잘 보호하는 것이 왜 중요한지 알 수 있었다.

1. 읽은 내용과 같으면 ○, 다르면 × 하세요.
    (1) 민우는 친구들과 여행을 처음 가 봤다.　　　(　　　　)
    (2) 민우는 이틀 동안 경주 여행을 했다.　　　　(　　　　)
    (3) 민우는 여행 전날 잠을 많이 잤다.　　　　　(　　　　)

2. 민우는 여행 중 무엇이 가장 인상적이었습니까?

3. 민우는 문화재를 직접 눈으로 본 후 무엇을 느꼈습니까?

¤ 여러분은 여행을 간 적이 있어요?  기억에 남는 여행지는 어디예요?

| 여행 장소 | |
| --- | --- |
| 여행 일정 | |
| 누구 | |
| 음식 | |
| 교통 | |
| 숙박 | |
| 볼거리 | |

¤ 위의 내용을 가지고 기행문을 써 보세요.

제목 :

학년　　반　　이름

# 08 연습하는 만큼 실력이 늘고 있는 거지

● 8과에서 무엇을 배우는지 알아봅시다.

더 배워요(선택)
**여가와 운동**

꼭 배워요(필수)
**운동하기**

학습 도구(선택)
**8. 점검하기**

학습 목표
자신이 한 실수에 대해 변명할 수 있다.
자신의 능력을 자랑할 수 있다.

어휘 생활 체육 관련 어휘
문법 만 아니면, –었더니,
–는 만큼, –느라고

**함께 이야기해 봐요**

1. 여러분은 어떤 운동을 배워 봤어요?

2. 요즘 하고 있는 운동이 있어요?

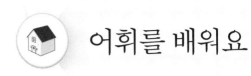

# 어휘를 배워요

생활 체육의 종류를 알아봐요.

줄넘기

조깅

오래달리기

볼링

배구

체조

요가

씨름

**발음**

줄넘기[줄럼끼]    태권도[태꿘도]    굽히다[구피다]    근육[그뉵]    무조건[무조껀]

⬤ 어떤 동작을 해요?

공포, 덜, 모기,
무조건, 저축, 평소,
피하다

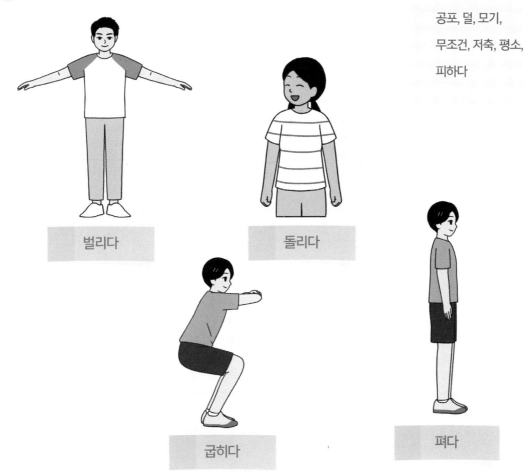

벌리다

돌리다

굽히다

펴다

⬤ 운동을 하면 이렇게 돼요.

숨이 차다

땀이 나다

근육이 생기다

# 문법을 배워요 1

## 만 아니면

피할 수 없는 조건이나 이유임을 강조하여 나타내는 표현.

더운 날씨만 아니면 친구들과 축구하러 갔을 텐데.

시험만 아니면 오늘 영화를 봤을 거야.

매운 음식만 아니면 다 잘 먹어요.

● '만 아니면'를 사용하여 〈보기〉와 같이 문장을 완성해 보세요.

〈보기〉   나는 일요일만 아니면 다 좋아. (일요일)

(1) 나는 _____ 어떤 영화도 괜찮아. (공포 영화)

(2) 소연이는 _____ 모임에 올 수 있대. (시험 기간)

피할 수 없는 조건이나 이유가 없으면 가능한 일이에요. '만 아니면'을 사용하여 말해 보세요.

# 문법을 배워요 2

① 영수야, 오늘 볼링 치러 가자. 정호도 갈 수 있대.

② 정호? 난 오늘 못 갈 것 같아.

③ 너 아까는 볼링 치고 싶다고 했잖아. 정호가 너무 잘해서 안 가려고 하는 거 아니야?

④ 아니야. 어제 밤늦게까지 소설책을 읽었더니 피곤하네.

## –었더니

–았더니, –였더니

**과거의 사실이나 상황이 뒤에 오는 말의 원인이나 이유가 됨을 나타내는 표현.**

조깅을 했더니 숨이 차요.

요즘 간식을 덜 먹었더니 살이 빠졌어요.

약속 장소에 조금 늦게 갔더니 아무도 없었어요.

● '–었더니'를 사용하여 〈보기〉와 같이 문장을 완성해 보세요.

> 〈보기〉  매일 노래 연습을 했더니 실력이 늘었어요. (매일 노래 연습을 하다)

(1) _____ 감기가 나았어요. (약을 먹고 푹 쉬다)

(2) _____ 모기가 들어왔어요. (창문을 열어 놓다)

그 일이 왜 일어났어요? '–었더니'를 사용하여 말해 보세요.

# 문법을 배워요 3

① 수호야, 나 이제 줄넘기 잘하지?

② 어? 전에는 하나도 못하더니 이제는 잘하네?

③ 연습 좀 했어. 연습하는 만큼 실력이 늘고 있는 거지.

④ 그래도 나만큼 하려면 아직 멀었어. 더 열심히 해.

## –는 만큼

–ㄴ 만큼, –은 만큼

**뒤에 오는 말이 앞에 오는 말과 비례하거나 비슷한 정도 혹은 수량임을 나타내는 표현.**

운동을 하는 만큼 체력이 좋아질 거예요.

한라산은 높은 만큼 올라가기가 힘들어요.

몸이 불편한 사람을 도와주는 봉사 활동은 힘든 만큼 보람도 커요.

● '–는 만큼'을 사용하여 〈보기〉와 같이 문장을 완성해 보세요.

〈보기〉   시험의 결과는 공부하는 만큼 나오는 것 같아요. (공부하다)

(1)_____ 저축을 할 수 있어요. (용돈을 아껴 쓰다)

(2)_____ 실망도 커요. (기대하다)

서로 관계있는 두 가지 일을 '–는 만큼'을 사용하여 말해 보세요.

# 문법을 배워요 4

① 나나야, 무슨 일 있어? 오늘은 평소와 다르게 실수가 많네.

② 그동안 모둠 발표를 준비하느라고 체조 연습을 거의 못 했어.

③ 그랬구나. 평소처럼 연습만 했으면 잘할 수 있었을 텐데.

④ 이제는 모둠 발표도 끝났으니까 연습할 시간이 있어. 걱정 마.

## -느라고

앞에 오는 말이 나타내는 행동이 뒤에 오는 말의 원인이 됨을 나타내는 연결 어미.

태권도 연습을 하느라고 전화를 못 받았어요.

길을 찾느라고 약속 시간에 늦었어요.

아침에 급하게 나오느라고 책을 놓고 왔어요.

● '-느라고'를 사용하여 〈보기〉와 같이 이야기해 보세요.

| 〈보기〉 | 가: 왜 기차를 놓쳤어요? (기차를 놓치다)<br>나: <u>친구랑 이야기하느라고</u> 기차를 놓쳤어요. (친구랑 이야기하다) |

(1) 학교에 늦다, 병원에 가서 치료를 받다

(2) 못 듣다, 다른 생각을 하다

실수나 잘못 때문에 어떤 일이 일어났어요. '-느라고'를 사용하여 말해 보세요.

# 한국 중고등학교의 체육 대회를 만나다

¤ **체육 대회에서 무엇을 할까요?**

체육 대회는 보통 봄이나 가을 중 1년에 한 번 해요. 체육 대회의 목적은 반끼리 협동심을 기르기 위해 하는 대회예요. 체육 대회 날에는 전체 학년이 모두 모여서 팀을 나누어 다양한 운동 경기를 해요. 혼자서 하는 경기도 있고 여러 명이 함께하는 경기도 있어요. 경기는 보통 줄다리기, 단체 줄넘기, 이어달리기, 2인 3각 경기 등을 해요.

**2인 3각**

2명이 한쪽 발목을 끈으로 묶어 달리는 경기를 말해요.

**단체 티셔츠**

반 친구들과 함께 여러 가지 응원 도구를 가지고 응원해요. 응원 도구를 직접 만들기도 해요. 그리고 각 반의 특징을 잘 나타낼 수 있는 티셔츠를 함께 사서 입거나 만들어 입어요.

**줄다리기**

여러 사람이 양편으로 갈려서 밧줄을 잡고 서로 자기편으로 끌어당겨 상대편을 자기편으로 끌어오면 이기는 놀이를 말해요.

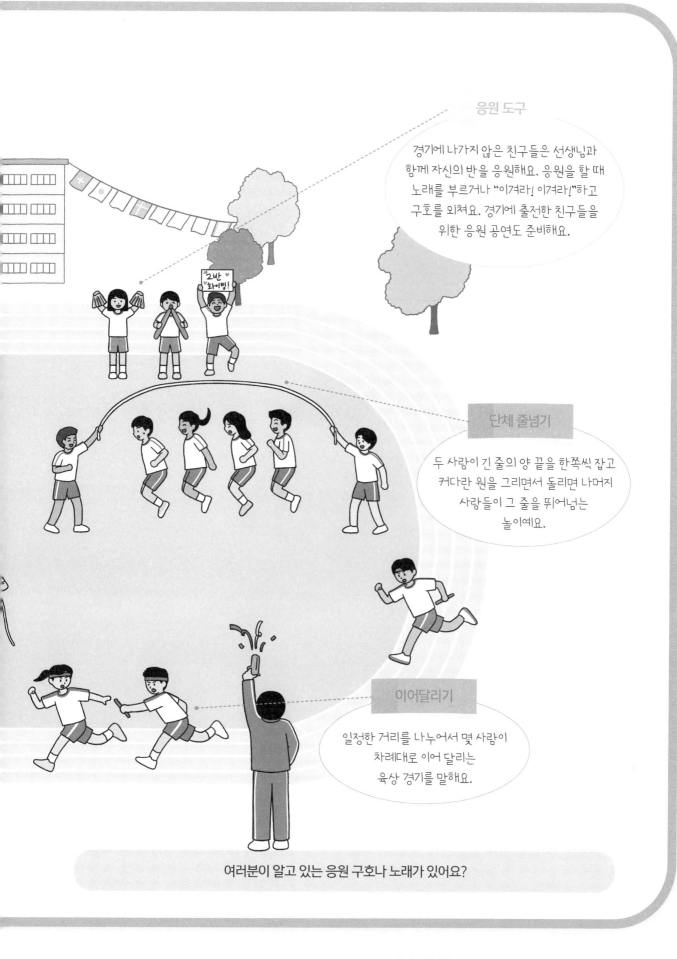

응원 도구

경기에 나가지 않은 친구들은 선생님과 함께 자신의 반을 응원해요. 응원을 할 때 노래를 부르거나 "이겨라! 이겨라!"하고 구호를 외쳐요. 경기에 출전한 친구들을 위한 응원 공연도 준비해요.

단체 줄넘기

두 사람이 긴 줄의 양 끝을 한쪽씩 잡고 커다란 원을 그리면서 돌리면 나머지 사람들이 그 줄을 뛰어넘는 놀이예요.

이어달리기

일정한 거리를 나누어서 몇 사람이 차례대로 이어 달리는 육상 경기를 말해요.

여러분이 알고 있는 응원 구호나 노래가 있어요?

# 08 더 배워요

● 8과에서 무엇을 배우는지 알아봅시다.

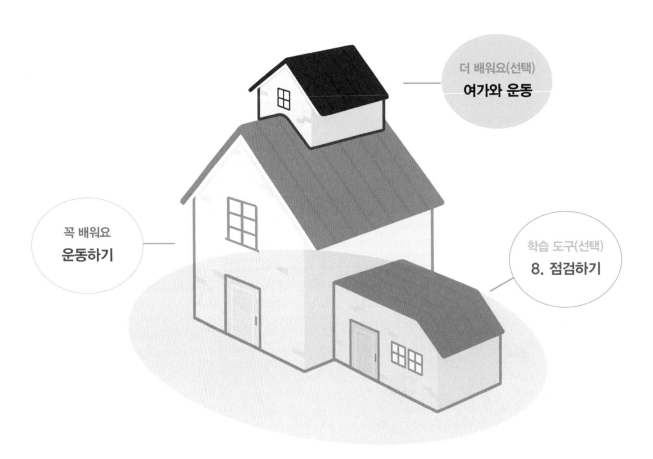

더 배워요(선택)
**여가와 운동**

꼭 배워요
**운동하기**

학습 도구(선택)
**8. 점검하기**

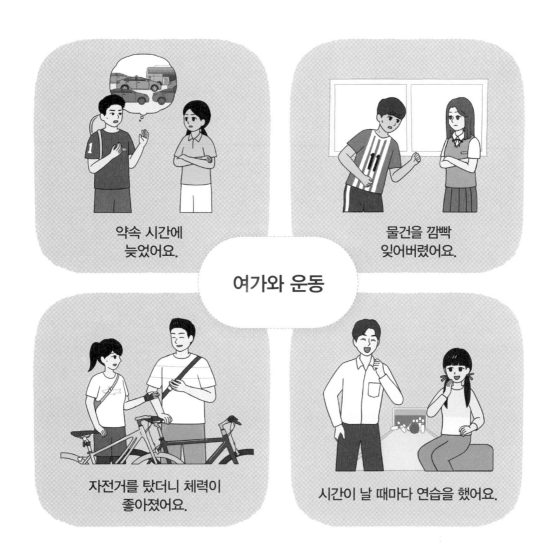

약속 시간에
늦었어요.

물건을 깜빡
잊어버렸어요.

여가와 운동

자전거를 탔더니 체력이
좋아졌어요.

시간이 날 때마다 연습을 했어요.

**함께 이야기해 봐요**

1. 교실에서 간단하게 할 수 있는 체조에는 뭐가 있어요?

2. 여러분이 알고 있는 체조가 있어요? 어떻게 해요?

# 대화해 봐요 1

정호가 와니에게 무슨 대회에 나가자고 했을까요? █로 확인해 보세요.

정호가 왜 늦었을까요? 먼저 █로 확인해 보세요.

① 어, 미안. 오늘 너무 일이 많아서. 내가 좀 늦었지?

② 혼자 바쁜 척하지 마. 나도 다른 일이 있었지만 시간 맞춰 왔어.

③ 나도 빨리 오려고 했다고. 그런데 길이 너무 막혀서 어쩔 수가 없었어.

④ 너 지난번 연습 때도 늦었잖아.

⑤ 그때는 과제하느라고 늦게 잤거든. 그래서 그날 아침에 늦잠을 자서 늦었어.

⑥ 오늘은 차가 막혔고, 그때는 늦잠을 잤고. 늦은 이유도 여러 가지네. 대회만 아니면 화가 나서 난 가 버렸을 거야.

⑦ 미안해. 다시는 안 늦을게.

##  질문에 답하세요.

1. 내용과 같으면 ○, 다르면 ✕ 하세요.
   (1) 정호는 오늘 약속에 늦었습니다.　　　　(　　　　)
   (2) 정호는 오늘 늦잠을 잤습니다.　　　　　(　　　　)
   (3) 와니는 화가 나서 집에 갔습니다.　　　　(　　　　)

2. 여러분은 친구와의 약속을 못 지킨 적이 있어요? 왜 그랬어요?

   ➜ ＿＿＿＿＿＿＿＿＿＿＿＿＿＿＿＿＿＿＿＿＿＿＿＿＿＿＿＿＿

 정호와 와니는 왜 고생했을까요?
🔲로 확인해 보세요.

 전체 대화를 들어 보세요.

## 활용하기

**안나가 호민이에게 테니스 라켓을 안 가지고 온 것에 대해 묻고 있어요.**

 : 호민아, 테니스 라켓 안 가지고 왔어?

 : 미안해. 축구 연습 끝나자마자 오느라고 집에 못 들렀거든. 그래서 못 가지고 왔어.

 : 지난번에도 안 가져왔잖아.

 : 그때는 동생이 테니스 라켓을 가져가서 어쩔 수가 없었어.

# 대화해 봐요 2

 수호는 나나에게 무엇을 하자고 했을까요? ▨로 확인해 보세요.

 수호가 왜 이렇게 체력이 좋아졌을까요? 먼저 ▨로 확인해 보세요.

① 수호야, 조금만 더 쉬다가 가자. 나 너무 힘들어.

② 이 정도 가지고 힘들기는. 아직 한참 더 가야 해. 빨리 출발하자.

③ 아, 힘들어. 너도 얼마 전까지 자전거 탈 때 엄청 힘들어했잖아. 그런데 언제 이렇게 체력이 좋아졌어?

④ 주말마다 공원에서 자전거를 탔거든. 그렇게 몇 달 탔더니 체력이 좋아졌어.

⑤ 몇 달이나? 정말 대단하다. 나는 벌써 힘이 다 빠졌어.

⑥ 자주 타는 만큼 체력도 좋아지고 잘 타게 되니까 너도 앞으로 시간이 날 때마다 타 봐. 자, 다시 출발!

**질문에 답하세요.**

1. 내용과 같으면 ○, 다르면 ✕ 하세요.

   (1) 수호는 지금 너무 힘들어합니다.                   (          )

   (2) 와니는 수호보다 체력이 좋습니다.                 (          )

   (3) 수호는 몇 달 동안 주말마다 자전거를 탔습니다.     (          )

2. 여러분은 무슨 운동을 잘해요? 왜 그 운동을 잘해요?

   ➜ _____

 나나가 힘들어하지 않는 이유는 무엇일까요?
 로 확인해 보세요.

 전체 대화를 들어 보세요.

 **활용하기**

유미가 세인이에게 볼링을 잘 치게 된 이유에 대해 이야기하고 있어요.

 : 세인아, 너 볼링 진짜 잘 친다.

 : 이 정도 가지고 잘 치기는. 지금 내 실력의 반도 안 나왔어.

: 언제부터 이렇게 잘 치게 된 거야?

 : 시간 날 때마다 연습했더니 실력이 점점 좋아졌어.

# 읽고 써 봐요

¤ **다음을 읽고 질문에 답하세요.**

## 의자에 앉아서 하는 스트레칭

공부를 하느라고 의자에 오래 앉아 있게 되면 허리가 아파 오며 몸이 피곤해진다. 이럴 때 앉아서 하는 간단한 스트레칭으로 몸에 쌓인 피로를 풀 수 있다.

### 1. 허리 앞으로 굽히기

의자에 두 무릎을 붙여 앉는다. 그리고 양손을 모아 잡은 팔을 앞으로 쭉 편다. 그다음 그대로 허리를 앞으로 굽혔다가 일어난다. 이때 두 무릎의 왼쪽 방향과 오른쪽 방향으로 바꿔서 허리를 굽혀 준다.

### 2. 허리 비틀기

의자에 허리를 펴고 앉아서 왼쪽 다리를 오른쪽 허벅지 위로 올린다. 그다음 오른손으로는 왼쪽 무릎을 잡고 왼손으로는 의자 등받이를 잡아 준다. 그리고 천천히 허리를 왼쪽 방향으로 비틀어 준다. 이 동작을 다리와 허리 방향을 바꿔서 다시 반복한다. 이때 허리는 돌릴 수 있을 만큼만 돌려야 한다.

1. 읽은 내용과 같으면 ○, 다르면 × 하세요.

   (1) '허리 앞으로 굽히기'는 앉을 때 무릎을 서로 붙여야 한다.               (          )

   (2) '허리 비틀기'는 한쪽 방향으로만 해야 한다.                        (          )

   (3) '허리 앞으로 굽히기' 와 '허리 비틀기'는 모두 의자에 앉아서 하는 운동이다.   (          )

2. '허리 비틀기'에서 허리를 돌릴 때 얼만큼 돌려야 합니까?

3. 스트레칭을 하면 무슨 효과가 있습니까?

¤ 다음 동작을 설명해 보세요.

다리를 어깨만큼 벌려요.
그리고 무릎을 굽혀요.
두 팔을 양쪽 옆으로 벌려요.

¤ 여러분이 알고 있는 체조 동작이 있어요? 그 동작을 그림으로 그리고 설명하는 글을 써 보세요.

- 동작-

# 대화 지문

| 1과 | 대화 1 | 전 | 정호: 반장 후보 추천서를 언제까지 내야 해?<br>와니: 월요일까지 선생님께 내면 돼.<br>정호: 한 사람에 몇 명까지 추천할 수 있어?<br>와니: 한 사람에 1명만 할 수 있어. |
|---|---|---|---|
| | | 후 | 정호: 선영아, 혹시 반장 선거에 나가 볼 생각 없어?<br>선영: 친구들이 나를 뽑아 줄까?<br>정호: 당연하지. 너는 리더십도 있고 인기도 많아서 애들이 분명 널 뽑을 거야.<br>선영: 고마워. 그럼 나도 한번 도전해 볼게. |
| | 대화 2 | 전 | 민우: 장기 자랑에서 우리 반 모두가 가요를 부르면서 춤을 추는 것에 대한 찬반 투표 결과를 발표하겠습니다.<br>나나: 찬성 20표, 반대 5표가 나와 하는 것으로 결정되었습니다.<br>민우: 우리가 함께 결정한 것이니 모두 적극적으로 참여해 주시기 바랍니다.<br>나나: 이어서 부를 노래와 연습 시간, 장소 등에 대해서 의견을 나누겠습니다. |
| | | 후 | 민우: 아쉽게도 1등을 놓쳤지만 그동안 최선을 다한 것에 만족합니다.<br>나나: 한 달 동안 연습에 적극적으로 참여해 줘서 고맙습니다.<br>세인: 특히 그동안 고생한 반장 민우와 부반장 나나에게 박수를 쳐 줍시다.<br>민우 & 나나: 감사합니다. 앞으로도 우리 반을 위해 열심히 노력하겠습니다. |

| 2과 | 대화 1 | 전 | 이진영 선생님: 여러분 이번 주가 환경 미화 기간이에요. 그리고 다음 주 월요일까지 환경 미화를 완성해야 해요. 좋은 결과가 있도록 우리 환경 미화를 마무리 하는 날까지 모두 최선을 다 해봐요.<br>학생들: 네 알겠습니다. 선생님. |
|---|---|---|---|
| | | 후 | 영수: 게시판을 학급 신문처럼 꾸미자. 거기에 우리 반 친구들을 소개하면 어때?<br>안나: 그래. 친구의 얼굴 사진과 생일도 넣자.<br>영수: 요즘 사진 대신에 아기 때 사진을 붙여 놓으면 어때?<br>안나: 오! 누구 얼굴인지 맞춰 보면 재미있겠다. |
| | 대화 2 | 전 | 유미: 요즘 집에서도 학교에서도 공부가 잘 안돼.<br>수호: 방 분위기를 바꿔 보는 것은 어때? 난 책상하고 의자를 바꿨어. 책상을 바꾸면 공부가 잘될 것 같아서 말씀 드렸는데 얼마 전에 바꿔 주셨어.<br>유미: 오! 정말? 그래서 바꾸니까 진짜 공부가 잘돼?<br>수호: 공부가 잘되는 것은 아직 모르겠고 기분은 좋아. 히히.<br>유미: 에이그. |
| | | 후 | 유미: 수호야 너 무슨 일 있어? 표정이 안 좋아 보여.<br>수호: 나 저번에 책상 바꿨는데 성적이 더 내려갔어. 그래서 엄마한테 혼났어.<br>유미: 그럼 그렇지. 난 책상 바꾸는 대신에 책상 정리를 하고 가구 배치를 바꿨어. 그렇게만 해도 분위기가 달라진 것 같아. 공부도 더 잘돼.<br>수호: 그래? 그럼, 나도 오늘 가서 배치를 바꿔야지. 히히.<br>유미: 에이그. |

| | | | |
|---|---|---|---|
| 3과 | 대화 1 | 전 | 선영: 모둠 과제 언제까지 내야 해?<br>영수: 다음 주 월요일까지잖아.<br>선영: 어? 벌써? 일주일 밖에 안 남았네. 빨리 조원들하고 얘기해야겠다.<br>영수: 수업 다 끝나 가니까 집에 가기 전에 함께 이야기해 보자. |
| | | 후 | 선영: 정호야, 어제 무슨 일 있었어? 전화도 안 받고.<br>정호: 아니. 아무 일 없었는데 왜?<br>선영: 조원들에게 박물관에서 찍은 사진 메일로 보내 주기로 했잖아.<br>정호: 어? 어……. 미안 잊어버렸어. 오늘 집에 가면 꼭 보내 줄게.<br>선영: 어. 이번엔 잊지 말고 꼭 보내 줘. |
| | 대화 2 | 전 | 유미: 우리 과제를 하려면 자료도 찾고 발표자를 정해야 하는데 누가 하면 좋을까?<br>세인: 민우가 발표를 잘하잖아. 지난번에 선생님께 칭찬도 받았어.<br>나나: 아, 맞다! 민우야 네 생각은 어때? 네가 발표를 맡아 주면 좋겠는데.<br>민우: 음, 알았어. 그럼 너희들이 자료 좀 찾아서 보내 줄래?<br>유미, 세인, 나나: 응. 좋아. |
| | | 후 | 유미: 민우야, 너 긴장했지?<br>민우: 아니야. 하나도 긴장되지 않아.<br>유미: 너 얼굴이 빨간데?<br>민우: 더워서 그래.<br>유미: 너 손 떨고 있는데?<br>민우: 추워서 그래.<br>유미: 얼굴은 덥고 손은 추워?<br>민우: 아이, 몰라. |

| | | | |
|---|---|---|---|
| 4과 | 대화 1 | 전 | 정호: 안나야, 너 다음 주말에 나랑 같이 봉사하러 가 볼래?<br>안나: 무슨 봉사?<br>정호: 다음 주에 우리 시에서 세계 수영 대회를 하잖아. 외국어를 할 수 있는 사람들이 많이 필요하다고 하는데, 안나가 하면 잘할 것 같아.<br>안나: 그래? 한번 생각해 볼게. |
| | | 후 | 호민: 안나야, 너 기분 좋은 일 있니?<br>안나: 응. 지난번에 봉사 활동 한 뒤로 기분이 참 좋아졌어.<br>호민: 아, 너도 봉사의 즐거움을 알게 됐구나.<br>안나: 응. 다른 사람을 도울 수 있어서 큰 보람을 느꼈어. |
| | 대화 2 | 전 | 민우: 유미야, 이번 토요일 오후에 뭐 할 거야?<br>유미: 특별히 할 일은 없는데, 왜?<br>민우: 세인이가 새로 나온 영화 〈가족〉 DVD를 샀다는데 우리 같이 가서 보자.<br>유미: 제목이 〈가족〉이야? 음, 그냥 너 혼자 가는 게 어때? |
| | | 후 | 민우: 유미야, 너 저번에 그 DVD 빌렸어?<br>유미: 아니, 세인이가 여러 번 더 보고 싶다고 해서 못 빌렸어. 그래서 주말에 세인이 집에 가서 같이 볼 거야.<br>민우: 세인이는 그 영화가 그렇게 재미있다고 해?<br>유미: 응, 봐도 봐도 재미있다고 했어. 뭐야. 너도 감동적이라고 했잖아. |

| | | | |
|---|---|---|---|
| **5과** | 대화 1 | 전 | 호민: 선영아, 너 오늘 도서관에 간다고 했지? 나도 같이 갈까? 나는 한 번도 가 본 적이 없어서.<br>선영: 좋아. 그럼 2시에 도서관 앞에서 봐.<br>근데 너 도서관 출입증 있어? 처음 가니까 출입증부터 만들어야 해.<br>호민: 출입증? 어떻게 만들어?<br>선영: 이따가 도서관에 가서 내가 만드는 거 도와줄게. |
| | | 후 | 선영: 호민아, 어디 봐. 무슨 책 빌렸어?<br>호민: 독서 감상문 숙제 쓸 거 하나랑 재미있을 것 같아서 두 권 더 빌렸지.<br>선영: 세 권이나 빌렸네. 다 읽을 수 있어?<br>호민: 나는 더 빌리고 싶었는데, 선생님이 너무 많이 빌리면 안 된다고 해서 이것만 가져왔어. |
| | 대화 2 | 전 | 민우: 소연아, 이번 달 독서 토론회 어떤 책으로 할까?<br>소연: 많은 사람들이 이미 알고 있는 책으로 정하면 좋을 것 같아.<br>민우: 그럼 이번에는 우리가 어릴 때 읽은 책을 다시 보면서 이야기해 보는 건 어떨까?<br>소연: 그거 좋은 생각이네. |
| | | 후 | 소연: 영수야, 너 이 책 읽어 봤어?<br>영수: 당연하지. 왕자가 별을 떠나 세상을 여행하는 이야기잖아. 나도 그런 여행을 해 보고 싶다.<br>소연: 그럼 나랑 부모님이 장미겠네? |

| | | | |
|---|---|---|---|
| **6과** | 대화 1 | 전 | 선영: 호민아, 나 노트북 좀 잠깐 빌려줄 수 있어?<br>호민: 응. 그런데 왜?<br>선영: 숙제 마무리해야 하는데 노트북이 갑자기 안 켜지네.<br>호민: 그래? 일단 내 노트북 빌려줄게. 계속 안 켜지면 서비스 센터에 꼭 가 봐. |
| | | 후 | 호민: 선영아, 노트북이 안 켜지면 배터리부터 확인했어야지.<br>선영: 그러게. 내가 컴퓨터를 잘 모르잖아.<br>호민: 어휴. 배터리만 확인했어도 서비스 센터까지 안 와도 됐는데.<br>선영: 미안. 대신 내가 떡볶이 살게. |
| | 대화 2 | 전 | 〈단체 대화 문자〉<br>유미: 오늘 떡볶이 먹으러 갈 수 있는 사람~?^^<br>민우: 나~ 갈래! 나 갈 수 있어~~^^<br>세인: 나도 같이 가!ㅋㅋ<br>나나: 나는 못 가ㅠㅠ 오늘 약속 있어ㅠㅠㅠㅠ<br>수호: 오늘 시간 없어. |
| | | 후 | 〈문자〉<br>수호: 나나야~ 오늘 시간 있어? ^.^<br>나나: 응~ 있어. 왜?<br>수호: 우리 같이 서점에 갈래~? 〉_〈<br>나나: 좋아. 같이 가자. ^^; |

| | | | |
|---|---|---|---|
| 7과 | 대화 1 | 전 | 소연: 영수야, 내일 수학여행 갈 때 필요한 짐은 다 챙겼어?<br>영수: 응. 봐. 가방에 옷, 카메라, 세면도구, 약 다 들어 있잖아.<br>소연: 그래? 이번에는 놓고 가는 거 없게 한 번 더 잘 확인해 봐. 지난번에도 다 챙겼다고 했는데 카메라 안 가지고 갔잖아.<br>영수: 걱정하지 마. 이번엔 정말 다 챙겼어. |
| | | 후 | 호민: 선영아, 나 배 아픈데 소화제 좀 줄래?<br>선영: 응. 여기 있어.<br>호민: 고마워. 아, 와니가 머리 아프다고 두통약 좀 달래.<br>선영: 두통약? 잠깐만. (잠시 후) 여기 있다. 자, 받아.<br>정호: 선영아, 난 오늘 좀 피곤한데 비타민 좀 줄래?<br>선영: 뭐? 비타민? |
| | 대화 2 | 전 | 나나: 민우야, 우리 수학여행 가는 곳이 경주지?<br>민우: 응. 정말 멋진 도시지. 경치도 멋지고 역사도 아주 깊고.<br>나나: 경주는 뭐가 유명해?<br>민우: 불국사, 첨성대 등 많은 역사 유적지가 있고 유적지 말고도 볼거리가 다양해. |
| | | 후 | 엄마: 수호야, 수학여행 재밌었어? 뭐가 제일 기억에 남아?<br>수호: 불국사에 있는 다보탑이 가장 기억에 남아요.<br>엄마: 왜 그게 제일 기억에 남아?<br>수호: 예전에는 몰랐는데 10원짜리 동전에 그려져 있는 탑이 다보탑이래요. |

| | | | |
|---|---|---|---|
| 8과 | 대화 1 | 전 | 정호: 와니야, 다음 달에 배드민턴 대회가 있대.<br>와니: 너 그 대회에 나가려고?<br>정호: 응. 우리 함께 나가 보는 건 어때?<br>와니: 좋아. 열심히 해 보자. |
| | | 후 | 와니: 정호야, 우리가 이겼어. 그동안 연습하느라고 고생했어.<br>정호: 고생은 무슨. 내가 원래 운동 좀 하잖아.<br>와니: 그래그래. 근데 나는 너 기다리느라 좀 고생했어.<br>정호: 아, 미안. |
| | 대화 2 | 전 | 수호: 나나야, 우리 오랜만에 자전거 타러 갈까?<br>나나: 좋아. 요즘 운동을 못 했는데 잘됐다.<br>수호: 그런데 좀 오래 타도 괜찮을까?<br>나나: 그럼. 나는 문제없어. |
| | | 후 | 수호: 나나야, 힘들지 않아? 좀 쉴까?<br>나나: 아니야. 아깐 힘들었는데 네 말대로 계속 탔더니 이젠 좀 괜찮은데?<br>수호: 뭐? 나는 몇 달 만에 적응했는데 너는 몇 시간 만에 괜찮아졌다고?<br>나나: 내가 원래 좀 운동을 잘해. |

# 정답

| 1과 | |
|---|---|
| 문법 1 | (1) 이번 시험을 잘 보면 좋겠어<br>(2) 이성 친구가 생기면 좋겠어 |
| 문법 2 | (1) 민우의 생일을 축하하기 위해서<br>(2) 건강을 지키기 위해서 |
| 문법 3 | (1) 단정해 보인다<br>(2) 넓어 보인다 |
| 문법 4 | (1) 가는 편이에요<br>(2) 많은 편이에요 |
| 대화 1 | 1. (1) O   (2) X   (3) O |
| 대화 2 | 1. (1) X   (2) O   (3) X |
| 읽고 쓰기 | 1. (1) O   (2) O   (3) X<br>2. 남에게 미루지 않고 먼저 할 겁니다.<br>3. 반장이 되고 싶어서 |

| 2과 | |
|---|---|
| 문법 1 | (1) 우리 팀이 이기도록<br>(2) 다른 사람에게 방해가 되지 않도록 |
| 문법 2 | (1) 내가 교실 청소를 할 테니까<br>(2) 열쇠를 탁자 위에 둘 테니까 |
| 문법 3 | (1) 한복을 사서 입는 대신에 빌려 입기로 했어<br>(2) 요리 재료를 직접 사러 가는 대신에 인터넷으로 주문하기로 했어 |
| 문법 4 | (1) 만들어 놓았어요<br>(2) 챙겨 놓았어요 |
| 대화 1 | 1. (1) O   (2) X   (3) X |
| 대화 2 | 1. (1) X   (2) O   (3) O |
| 읽고 쓰기 | 1. (1) O   (2) O   (3) X<br>2. 4월 첫째 주 토요일에 학교 강당에서 있습니다.<br>3. 우리 반 친구들이 사이좋게 지내는 것입니다. |

| 3과 | |
|---|---|
| 문법 1 | (1) 있잖아<br>(2) 좋잖아 |
| 문법 2 | (1) 풀어 가<br>(2) 먹어 가 |
| 문법 3 | (1) 빌리려면<br>(2) 받으려면 |
| 문법 4 | (1) 자도<br>(2) 힘들어도 |
| 대화 1 | 1. (1) O   (2) X   (3) O |
| 대화 2 | 1. (1) O   (2) X   (3) O |
| 읽고 쓰기 | 1. (1) X   (2) O   (3) X<br>2. 훈민정음<br>3. 글을 몰라서 불편함을 느끼는 사람들이 많았다. 그래서 누구나 쉽게 배우고 쓸 수 있는 한글을 만들었다. |

| 4과 | |
|---|---|
| 문법 1 | (1) 외출하자마자<br>(2) 보자마자 |
| 문법 2 | (1) 먹고 말았어요<br>(2) 잃어버리고 말았어요 |
| 문법 3 | (1) 한다고<br>(2) 많다고 |
| 문법 4 | (1) 바쁘냐고<br>(2) 재미있느냐고 |
| 대화 1 | 1. (1) O  (2) O  (3) X |
| 대화 2 | 1. (1) X  (2) X  (3) O |
| 읽고 쓰기 | 1. (1) O  (2) X  (3) X<br>2. 체험 활동, 동아리 활동, 봉사 활동, 자전거 타기, 전시회나 공연 관람하기, 영화 보러 가기<br>3. 학교 친구들과 잘 지내면 학교생활이 쉬워진다고 한다. |

| 5과 | |
|---|---|
| 문법 1 | (1) 비가 오나 봐요<br>(2) 사람이 없나 봐요 |
| 문법 2 | (1) 힘들 텐데<br>(2) 고플 텐데 |
| 문법 3 | (1) 게시판을 꾸미라고<br>(2) 책을 책장에 꽂아 놓으라고 |
| 문법 4 | (1) 놀자고<br>(2) 보자고 |
| 대화 1 | 1. (1) O  (2) X  (3) X |
| 대화 2 | 1. (1) O  (2) X  (3) O |
| 읽고 쓰기 | 1. (1) X  (2) X  (3) O<br>2. 지금 마음껏 배울 수 있는 것이 감사하게 생각되었다.<br>3. 책을 읽은 동기, 줄거리, 읽은 후의 감상 |

| 6과 | |
|---|---|
| 문법 1 | (1) 끝내고 나서<br>(2) 봐 주고 나서 |
| 문법 2 | (1) 이메일 비밀번호를 잊어버려서 찾는 중이야<br>(2) 자료를 검색하는 중이야 |
| 문법 3 | (1) 안다면<br>(2) 불만족스럽다면 |
| 문법 4 | (1) 비를 맞을 수밖에 없었어요<br>(2) 응급실에 갈 수밖에 없었어요 |
| 대화 1 | 1. (1) O  (2) O  (3) X |
| 대화 2 | 1. (1) X  (2) X  (3) O |
| 읽고 쓰기 | 1. (1) X  (2) O  (3) X<br>2. 학교에 대한 의견, 학교생활 이야기를 전합니다.<br>3. 교내 행사 사진 올리기, 홈페이지 관리하기, 좋은 의견 추천하기, 학생 활동 소개하기 |

| 7과 | |
|---|---|
| 문법 1 | (1) 오래 타 가지고<br>(2) 급하게 먹어 가지고 |
| 문법 2 | (1) 모아 온<br>(2) 키워 왔어요 |
| 문법 3 | (1) 아버지 생신 선물로 음악 CD를 사 / 아버지께서 음악을 좋아하시거든<br>(2) 저녁을 안 먹어 / 빵을 먹어서 배가 안 고프거든 |
| 문법 4 | (1) 꽃이 피어 있어요<br>(2) 수건이 준비되어 있어요 |
| 대화 1 | 1. (1) X  (2) X  (3) O |
| 대화 2 | 1. (1) X  (2) O  (3) O |
| 읽고 쓰기 | 1. (1) O  (2) X  (3) X<br>2. 불국사의 제일 높은 곳에 올라가서 바라본 석가탑과 다보탑<br>3. 책에서 오는 것과는 다른 감동의 시간이었으며, 문화재를 잘 보호하는 것이 왜 중요한지 알<br>수 있었다. |

| 8과 | |
|---|---|
| 문법 1 | (1) 공포 영화만 아니면<br>(2) 시험 기간만 아니면 |
| 문법 2 | (1) 약을 먹고 푹 쉬었더니<br>(2) 창문을 열어 놓았더니 |
| 문법 3 | (1) 용돈을 아껴 쓰는 만큼<br>(2) 기대하는 만큼 |
| 문법 4 | (1) 학교에 늦었어요 / 병원에 가서 치료를 받느라고<br>(2) 못 들었어요 / 다른 생각을 하느라고 |
| 대화 1 | 1. (1) O  (2) X  (3) X |
| 대화 2 | 1. (1) X  (2) X  (3) O |
| 읽고 쓰기 | 1. (1) O  (2) X  (3) O<br>2. 돌릴 수 있을 만큼만 돌려야 합니다.<br>3. 몸에 쌓인 피로를 풀 수 있습니다. |

# 어휘 색인

# 문법 색인

담당 연구원 ——
**정혜선** 국립국어원 학예연구사
**박지수** 국립국어원 연구원

집필진 ——
**책임 집필**
**심혜령** 배재대학교 한국어문학과 교수

**공동 집필**
내용 집필

**박석준** 배재대학교 한국어문학과 교수
**김윤주** 한성대학교 크리에이티브인문학부 교수
**문정현** 배재대학교 미래역량교육부 교수
**이미향** 영남대학교 국제학부 교수
**이숙진** 강남대학교 어학교육원 강사
**이은영** 전북대학교 언어교육부 강사
**홍종명** 한국외국어대학교 한국어교육과 교수
**오현아** 강원대학교 국어교육과 교수
**이선중** 경희대학교 국제교육원 객원교수
**황성은** 배재대학교 글로벌교육부 교수

내용 검토

**조영철** 인천담방초등학교 교사
**김형순** 인천한누리학교 교사

연구 보조원

**김경미** 배재대학교 한국어교육원 강사
**김세정** 한남대학교 한국어교육원 강사
**최성렬** 배재대학교 한국어교육학과 박사 과정
**김미영** 우석대학교 한국어교육지원센터 강사

**박현경** 배재대학교 한국어교육원 강사
**이창석** 배재대학교 한국어교육원 강사
**주명진** 인천영종고등학교 교사
**김진희** 대구북동중학교 교사

중고등학생을 위한
# 표준 한국어
## 의사소통 3

ⓒ 국립국어원 기획 | 심혜령 외 집필

초판 1쇄 인쇄 | 2019년 2월 25일
초판 5쇄 발행 | 2023년 11월 7일

기획 | 국립국어원
지은이 | 심혜령 외
발행인 | 정은영
책임 편집 | 김윤정
디자인 | 디자인붐
일러스트 | 조은혜
사진 제공 | 셔터스톡

펴낸 곳 | 마리북스
출판 등록 | 제2019-000292호
주소 | (04037) 서울시 마포구 양화로 59 화승리버스텔 503호
전화 | 02)336-0729, 0730   팩스 | 070)7610-2870
이메일 | mari@maribooks.com
인쇄 | (주)신우인쇄

ISBN 978-89-94011-03-5 (54710)
     978-89-94011-00-4 (54710) set

＊이 책은 마리북스가 저작권사와의 계약에 따라 발행한 것이므로
   본사의 허락 없이는 어떠한 형태나 수단으로도 이용하지 못합니다.
＊잘못된 책은 바꿔 드립니다.
＊가격은 뒤표지에 있습니다.